Bernhard F. Klinger (Hrsg.)
Erbrecht für Frauen

Bernhard F. Klinger (Hrsg.)
Florian Enzensberger · Sven Klinger · Barbara Schüller

Erbrecht für Frauen

Wie Sie optimale Vorsorge für den Erbfall treffen

Linde international

stern

Bibliografische Information der Deutschen Nationalbibliothek

Die Deutsche Nationalbibliothek verzeichnet diese Publikation in der Deutschen Nationalbibliografie; detaillierte bibliografische Daten sind im Internet über http://dnb.d-nb.de abrufbar.

ISBN 978-3-7093-0487-7

Umschlag: *stern* und buero8

1210 Wien, Scheydgasse 24, Tel.: 01/24 630
www.lindeverlag.de
www.lindeverlag.at

Satz: psb, Berlin
Druck: Hans Jentzsch u Co. Ges.m.b.H.
1210 Wien, Scheydgasse 31
1

Inhalt

Kapitel 1

Die ledige Frau ohne Partner und ohne Kind

Eine ledige Frau ohne eigene Kinder wird von ihren Eltern, Geschwistern oder entfernteren Verwandten beerbt. Eine Frau, die ihr Vermögen nicht an ihre Verwandten vererben möchte, ist gut beraten, ein Testament zu errichten. Dieses Kapitel zeigt, was kinderlose Single-Frauen tun können, um die oft unerwünschte gesetzliche Erbfolge und jahrelange Erbstreitigkeiten auszuschließen.

Viele Frauen leben heute auf Dauer ohne Ehepartner, ohne eingetragenen Lebenspartner und *ohne* Kinder. Beziehungen bleiben Freundschaften ohne rechtliche Folgen. Früher wurde diese Art der Selbstbestimmung einer Frau mit negativ aufgeladenen Wörtern wie „Fräulein“ oder „alte Jungfer“ abgewertet, heute ist das selbstbestimmte Leben einer Single-Frau gesellschaftlich akzeptiert. Eine alleinstehende, ungebundene Frau ist ja nicht selten ein ausgesprochen freundliches, geselliges, lebens- und unternehmungslustiges Wesen mit großem Freundinnen- und Freundeskreis.

Die erbrechtliche Stellung der Frau *mit* Kind wird ausführlich in Kapitel 6 dargestellt.

Die enterbte Frau

Eine alleinstehende Frau ohne Kind muss damit rechnen, dass sie von ihren eigenen Eltern bei der Vererbung von Haus und Hof mehr oder weniger stark benachteiligt wird. Häufig sehen Eltern nur in Nachkommen mit Kindern würdige Erben, die den Fortbestand des eigenen Stammes gewährleisten und sich das Vermögen durch die Anstrengungen der Familienarbeit quasi verdienen. Ein verheirateter Sohn, der auch noch den Nachnamen der Eltern in die Zukunft rettet, hat meist wesentlich bessere Karten als eine Tochter ohne Partner und ohne Kind. Es kommt auch vor, dass Eltern in einem Testament Nachkommen der übernächsten Generation mit Erbschaften und Vermächtnissen ausstatten. Auch dadurch kann eine unverheiratete Frau ohne Kind den Anspruch auf eine Erbschaft verlieren.

Doch was tun, wenn die Eltern per Testament ausschließlich Geschwister mit Familie oder Neffen und Nichten oder sonstige Personen oder gar ein Tierheim als Erben einsetzen? In diesem Fall bleibt der von den eigenen Eltern enterbten Frau der Anspruch auf den Pflichtteil. Der Pflichtteil entspricht dem halben Erbteil, er besteht gegenüber den Erben und kann ausschließlich in Bargeld geltend gemacht werden.

Expertentipp

Keine Frau sollte ein Testament der Eltern, das ungünstige Bestimmungen enthält, einfach als Schicksalsschlag hinnehmen. In vielen Fällen ist es nicht nur möglich, einen Anspruch auf den Pflichtteil geltend zu machen. Auch aus Schenkungen der Eltern in der Vergangenheit können sich hohe „Pflichtteilsergänzungsansprüche" ergeben. Schließlich hilft es in vielen Fällen, ein juristisch mangelhaftes Testament vor Gericht anzufechten. Bei einem Erfolg gilt dann nicht das Testament, sondern die gesetzliche Erbfolge.

Auskunft über den Nachlass

Eine Frau, die von ihren eigenen Eltern enterbt wurde, kann gegenüber den Erben verlangen, dass sie den Wert des gesamten Nachlasses inklusive den abzuziehenden Schulden in einem Verzeichnis offenlegen. Sie kann auch fordern, dass sie an der Anfertigung des Nachlassverzeichnisses beteiligt wird und dass alle Positionen belegt werden. Aus dem komplett fertigen Verzeichnis ergibt sich sodann der Erbteil der enterbten Person, der Pflichtteil entspricht der Hälfte und ist als Geldleistung sofort auszuzahlen. In der Praxis stellt sich die Sache etwas anders dar, schon die Anfertigung eines Nachlassverzeichnisses nimmt in der Regel viel Zeit in Anspruch, danach kommt es häufig zu Streitereien über den Wert von Immobilien, Autos und sonstigen Gegenständen und in der Folge zu Zwangsversteigerungen, die in der Regel die Erbschaft auf einen Bruchteil des bisherigen Wertes und damit auch den Pflichtteil dezimieren.

Übrigens kann sich auch aus Schenkungen der Eltern vor dem Tod ein Pflichtteilsanspruch ergeben, in diesem Fall sprechen Juristen von einem „Pflichtteilsergänzungsanspruch". Die Höhe eines solchen Anspruchs entspricht in zahlreichen Fällen dem halben Erbteil, in manchen Fällen schmilzt er in den zehn Jahren nach der Schenkung jedes Jahr um zehn Prozent ab. Wichtig für enterbte Frauen ist in diesem Zusammenhang, dass sie die Enterbung nicht einfach widerspruchslos hinnehmen, sondern nachweisbar gegenüber den Erben Pflichtteils- und Pflichtteilsergänzungsansprüche innerhalb der gesetzlichen Fristen geltend machen. Pflichtteilsansprüche verjähren nach drei Jahren, die Frist läuft ab dem Zeitpunkt, an dem die pflichtteilsberechtigte Tochter vom Tod eines Elternteils und vom Testament erfahren hat.

Gesetzliche Erbfolge bei einer ledigen Frau

Was passiert, wenn eine unverheiratete, kinderlose Frau, die kein Testament errichtet hat, verstirbt? Sie wird von ihren nächsten Verwandten beerbt. Dabei kommt es auf die Konstellation im Einzelnen an.

Verstirbt eine ledige Frau kinderlos, erben ihre Eltern. Wenn ein Elternteil bereits gestorben ist, erben neben dem anderen Elternteil auch Geschwister (sofern vorhanden). Sind beide Eltern bereits verstorben, erben ausschließlich die Geschwister zu gleichen Teilen. Ist auch ein Bruder oder eine Schwester bereits verstorben, erben stellvertretend deren Kinder, also die Nichten und Neffen neben den noch lebenden Geschwistern.

Wer erbt, wenn die Eltern bereits verstorben sind und die Frau keine Geschwister hat? In diesem Fall erben die Großeltern und deren Nachkommen – nach dem gleichen Schema wie Eltern und Geschwister. Und wenn auch die Großeltern bereits verstorben sind und keine weitere Nachkommenschaft haben, dann erben die Urgroßeltern und deren Abkömmlinge.

Solche Fälle sind zwar unwahrscheinlich, kommen aber immer wieder vor. Je weniger Kinder pro Frau geboren werden, desto größer die Wahrscheinlichkeit, dass nach einem Erben in der Verwandtschaft regelrecht gefahndet werden muss. Immer häufiger kommt es vor, dass ein völlig ahnungsloser Mensch irgendwo auf dem Erdball erfährt, dass er von einer weit entfernten Verwandten ein beträchtliches Vermögen geerbt hat.

Vermeidung von Erbengemeinschaften

Manchmal entspricht die gesetzliche Erbfolge aus dem Bürgerlichen Gesetzbuch (BGB) genau dem Willen einer ledigen Frau ohne Kind. Es kann ja sein, dass sie zu ihren Verwandten immer ein sehr gutes Verhältnis hatte und nie als „Erbtante" angesehen und behandelt wurde. Doch auch in diesem Fall kann ein Testament eine sinnvolle Sache sein. Vor allem dann, wenn eine Erbengemeinschaft entsteht, kann ein Testament die friedliche Teilung des hinterlassenen Vermögens enorm fördern.

Erbengemeinschaften entwickeln sich häufig zu Streitgemeinschaften, hier kann ein einziger Querulant alle sinnvollen Vorschläge der Verwandten zur Teilung der Erbschaft torpedieren. Ein Testament, das juristisch einwandfrei formuliert ist, bietet den Verwandten keine Möglichkeit, zu streiten. Insofern ist es für jede ledige Frau, die ihr Vermögen – wie in der gesetzlichen Erbfolge vorgesehen – den nächsten Verwandten vererben möchte, ratsam, ein Testament zu errichten, das unmissverständlich einen Erben einsetzt und darlegt, welche Verwandten Vermächtnisse in einer bestimmten Höhe bekommen sollen. In diesem Fall erhält ein Erbe, zum Beispiel eine zuverlässige Schwester, den gesamten Nachlass und hat dann die Pflicht, den anderen Verwandten „Vermächtnisse" – in Form von Geld- oder Sachleistungen – zu überlassen. Das Ergebnis kann exakt das gleiche wie bei der gesetzlichen Erbfolge sein, nur mit dem Unterschied, dass niemand quertreiben, streiten und torpedieren kann.

Am Ende einer unheilvollen, jahrelangen Streiterei in einer Erbengemeinschaft steht häufig die Liquidierung des gesamten Nachlasses mit der Folge einer unnötigen und ungewollten Vernichtung des Vermögens. Wertgegenstände wie Schmuck, Auto, Möbel, Teppiche, Bilder sowie Immobilien werden versteigert. Der Erlös kann dabei weit unter dem Einkaufspreis, dem aktuellen Wert, dem Gebrauchswert und dem ideellen Wert für einzelne Mitglieder der Erbengemeinschaft liegen. So können in Euro gerechnet bei einer Versteigerung eines erheblichen Nachlasses nur zehn bis 30 Prozent des gesamten Wertes übrigbleiben. Eine Erblasserin, die eine derartige Vernichtung ihres Vermögens nach ihrem Tod verhindern will, ist gut beraten, ein Testament zu verfassen, das die streitbedingte Liquidierung ihres Nachlasses bei einer Versteigerung unterbindet.

Expertentipp

Viele ledige und kinderlose Frauen wünschen aus guten Gründen, dass es nicht zur gesetzlichen Erbfolge kommt. Oft wollen sie ganz gezielt verhindern, dass die Eltern, die Geschwister oder ein spezieller Bruder etwas erben. Frauen, die von ihren Eltern gegenüber ihren Geschwistern benachteiligt wurden, wollen meist auf gar keinen Fall, dass Brüder und Schwestern noch einmal – von ihnen selbst – eine Erbschaft erhalten. Abgesehen davon überlegen sich ledige Frauen, wem sie mit ihrem Vermögen helfen können. Warum sollten sie bereits wirtschaftlich abgesicherten Eltern und Geschwistern Geld und Gegenstände vererben? So machen sie sich Gedanken, ob sie ihr Vermögen den besten Freundinnen und Freunden und/oder gemeinnützigen Organisationen zukommen lassen sollten. Und manche betuchten Frauen möchten überhaupt kein Geld vererben, weder an Verwandte noch an Freunde oder Organisationen, sondern lieber eine Stiftung gründen. Kein Problem: Ein rechtsgültiges Testament ist eine Sammlung von ureigenen Wünschen in Form von „Anordnungen“, die nach dem Tod ohne Wenn und Aber umzusetzen sind.

Nachlassverwaltung unter Miterben

Wie laufen die Entscheidungen in einer Erbengemeinschaft? Wer hat hier das Sagen? Welche Aufteilung des hinterlassenen Vermögens kommt hier zustande? Eine Erbengemeinschaft kann aus mehreren Geschwistern bestehen, aus einem Elternteil und den Geschwistern, aus den noch lebenden Geschwistern und den Kindern eines bereits verstorbenen Geschwisters. In der Realität kommen viele, zum Teil ungewöhnliche Konstellationen vor. Alle Mitglieder werden gemeinschaftlich Erben des gesamten Nachlasses, die einzelnen Erbquoten können sich jedoch deutlich unterscheiden. So kann es sein, dass ein Elternteil ein Viertel der Erbschaft erhält und zwei noch lebende Geschwister jeweils ein Viertel, während die vier Kinder eines bereits verstorbenen Bruders hingegen ein Viertel teilen müssen und sich jeweils mit einem 16-tel begnügen müssen. Solche ungleichen Erbquoten führen zu Neid, Ärger und Verdruss, vor allem dann, wenn die Erben mit hohen Erbquoten die Erben mit geringem Erbteil überstimmen. Dies ist jedoch nur möglich, wenn es um alltägliche Sachen (Haushaltsgegenstände, Mobiliar oder Schmuck) geht. Im Notfall kann sogar ein einzelner Erbe für notwendige Maßnahmen sorgen, zum Beispiel für die Reparatur eines kaputten Daches an einem Haus. Bei allen wichtigen Entscheidungen, zum Beispiel dem Verkauf von Immobilien, ist dagegen Einstimmigkeit gefordert. Und hier kann eben ein Erbe mit Anspruch auf einen verschwindend kleinen Erbteil als Querulant die gesamte Erbengemeinschaft lahmlegen und mehr oder weniger offen als Erpresser der anderen Erben auftreten, um seine partikularen Interessen durchzusetzen. Niemand kann einen Quertreiber vor die Tür setzen.

Beispiel

Frau Reich hinterlässt drei Geschwister, die als gesetzliche Erben je ein Drittel des Erbes erhalten. Die drei Erben bilden eine Erbengemeinschaft. Frau Reich besaß kostbaren Schmuck. Die Geschwister streiten sich: Ein Geschwisterteil möchte den Schmuck verkaufen, zwei möchten den Schmuck behalten, da es sich um Familienerbstücke handelt. Die beiden Erben können den dritten Erben überstimmen, da sie zusammen einen Erbanteil von zwei Dritteln haben und bei alltäglichen Gegenständen Mehrheitsentscheidungen möglich sind.

Auseinandersetzung der Erbengemeinschaft

Früher oder später sollte eine Erbengemeinschaft aufgelöst werden. Auch dies kann nur gemeinschaftlich, also einstimmig geschehen. Wenn die Erben sich nicht einigen können, wer die Immobilie, den Schmuck oder die Bilder erhält und wer wie viel Geld an die anderen als Ausgleich zahlen muss, kann der Konflikt nur durch Zwangsversteigerung gelöst werden. Ein Mitglied der Erbengemeinschaft kann seinen Erbteil verkaufen. In diesem Fall steht den anderen Erben ein Vorkaufsrecht zu. Das bedeutet, dass der Erbe erst die Miterben fragen muss, ob sie seinen Erbteil kaufen möchten. Nur wenn sie ablehnen, kann der Erbe seinen Erbteil an eine andere Person verkaufen. Durch diese Regelung soll ein Eindringen Fremder in die Erbengemeinschaft verhindert werden. Wer aber seinen eigenen Erbanteil verschenkt, braucht die Miterben nicht zuerst fragen. Die Übertragung ist in jedem Fall notariell zu beurkunden. Wie dem auch sei, die beste Lösung ist immer noch, erst gar keine Erbengemeinschaft entstehen zu lassen. Dies ist möglich durch ein gut durchdachtes, juristisch wasserdicht formuliertes Testament.

Expertentipp

Sofern ein Testament aufgrund unzulässiger Bestimmungen unwirksam ist, kommt es doch zur gesetzlichen Erbfolge. Damit das Testament wirksam ist und Streitigkeiten ausgeschlossen werden können, sollte eine ledige, kinderlose Frau bei Testamentserrichtung folgende Punkte beachten:

- Keine Formfehler (also handschriftlich und unterschrieben oder notariell beglaubigt)
- Hinterlegung beim Nachlassgericht, damit es (von der richtigen Person) gefunden wird
- Beachtung des Pflichtteilsrechts
- Klare Formulierungen, die unmissverständlich darlegen, wer Erbe wird und wer nur ein Vermächtnis erhalten soll
- Benennung eines Testamentsvollstreckers, insbesondere im Interesse minderjähriger Kinder

Das Testament der ledigen Frau

Zunächst hat die ledige, *kinderlose* Frau zu entscheiden, wer erben soll und wer nicht. Sodann ist zu entscheiden, wie das Erbe unter Erben und Vermächtnisnehmern zu verteilen ist. Regelungen zur Beerdigung sollten nicht in einem

Testament stehen, sondern in einer eigenen Verfügung, die möglichst leicht auffindbar in den persönlichen Unterlagen aufbewahrt werden sollte. Denn häufig kann ein Testament erst nach der Beerdigung eröffnet werden. Wer weiß, dass es aufgrund einer schweren Erkrankung bald zu Ende gehen wird, ist gut beraten, eine Vertrauensperson mit der Beerdigung zu beauftragen und ihr rechtzeitig entsprechende Wünsche mitzuteilen.

Das Testament der Frau *mit* Kind wird ausführlich in Kapitel 6 dargestellt.

Wer soll erben?

Die Entscheidungskriterien für die Frage, wer erben soll, sind vielfältig:

- Sollen Verwandte erben oder nicht? Wenn ja, welche Verwandten sollen erben? Die Verwandten, die mir nahe stehen, oder die, die noch keine Absicherung haben?
- Sollen eher junge Verwandte erben, die die Zukunft noch vor sich haben, oder meine eigene Generation, zu der ich den besten Draht habe?
- Wer von meinen Freunden und Freundinnen steht mir nahe und soll etwas von meinem Vermögen bekommen? Bei wem habe ich noch etwas gut zu machen? Wer würde sich freuen, weil er oder sie noch nie etwas geerbt hat?
- Was kann ich tun, wenn einer meiner Erben auf die schiefe Bahn gerät?
- Welcher gemeinnützigen Organisation möchte ich etwas zukommen lassen?

Ersatzerben bestimmen

Immer ist daran zu denken, einen Ersatzerben einzusetzen für den Fall, dass der eingesetzte Erbe vorverstirbt. Ansonsten sind Erbstreitigkeiten vorprogrammiert.

Beispiel

Eine alleinstehende Frau ohne eigene Kinder setzt im Alter von 88 Jahren ihre beste Freundin im Alter von 82 Jahren als Erbin ein. Die Freundin verstirbt unerwartet im Alter von 85 Jahren, während die Erblasserin 94 Jahre alt wird. Die beste Freundin stirbt somit zuerst, doch die Erblasserin in hohem Alter ist an Alzheimer erkrankt und verstirbt nach Jahren in einem Pflegeheim. Wer erbt jetzt? Es streiten sich die Verwandten der alten Dame und das Kind der als Erbin eingesetzten besten Freundin um das Erbe. Die Antwort: Es kommt auf den Willen der Erblasserin an. Aber die kann nicht mehr gefragt werden. Also muss der mutmaßliche Wille der Erblasserin ermittelt werden. Der mutmaßliche Wille kann durch Zeugenvernehmung vor Gericht im Erbscheinsverfahren ermittelt werden. Wenn das Gericht sodann davon überzeugt ist, wer Erbe sein soll, muss sich aus dem Testament heraus eine Andeutung für diese Auslegung bieten.

Im Zweifelsfall entscheiden die Gerichte in einem solchen Fall, dass nicht das Testament, sondern die gesetzliche Erbfolge zu gelten hat. Im konkreten Fall hätten daher die Verwandten die größte Chance auf die Erbschaft.

Expertentipp

Durch die Benennung eines Ersatzerben kann ein jahrelanger Rechtsstreit mit vielen Zeugenvernehmungen vermieden werden.

Formulierungsbeispiel

Alleinige Vollerbin ist Theresa Rieger, geb. am … in …, derzeit wohnhaft … Falls Theresa Rieger vor mir stirbt oder die Erbschaft ausschlägt, bestimme ich als Ersatzerbin Frauke Schmidt, geb. am … in …, derzeit wohnhaft …

Verteilung des Nachlasses

Wenn eine Frau sich sicher ist, welche Person oder welche Personen sie als Erben einsetzen will, sollte sie im nächsten Schritt überlegen, wie sie das Erbe verteilt haben möchte. Wer den Hauptanteil erhalten soll, muss als Erbe benannt werden. Wer einzelne Gegenstände erhalten soll, sollte lediglich ein „Vermächtnis" bekommen. Es empfiehlt sich, Vermächtnisse nicht allzu detailliert zu gestalten, weil (glücklicherweise) niemand weiß, was beim Tod noch alles vorhanden ist. Auch sollte immer bestimmt werden, ob das Vermächtnis noch gelten soll, wenn der Gegenstand nicht mehr vorhanden ist oder der Vermächtnisnehmer nicht mehr lebt.

Expertentipp

Es ist dringend davon abzuraten, das Testament so zu gestalten, dass nur Einzelsachen verteilt werden. In diesem Fall besteht die Gefahr, dass das Testament als gesetzliche Erbfolge mit Vermächtnisanordnung gedeutet wird. Besser ist es in jedem Fall, eine Erbin oder einen Erben einzusetzen, der den Nachlass erhält und daraus einzelne Sachen oder Geldbeträge zu verteilen hat.

Testamentsvollstreckung zur Streitvermeidung

In etlichen Erbfällen ist es außerordentlich sinnvoll, wenn eine Erblasserin in ihrem Testament einen Testamentsvollstrecker oder eine Testamentsvollstreckerin bestimmt und mit der Aufgabe betraut, die Vermächtnisse zu erfüllen und dem Erben das Erbe auszuhändigen. Manchen Erben wird's freuen: Er hat keine Arbeit mit dem Nachlass. Im Gegenzug erhält der Testamentsvollstrecker eine Vergütung, deren Höhe im Testament genau benannt sein sollte. Hierdurch wird vermieden, dass Erbe und Testamentsvollstrecker sich streiten. Denn der Gesetzgeber hat nur bestimmt, dass eine „angemessene Vergütung" zu bezahlen ist. Je nach Blickwinkel wird die Frage der „Angemessenheit" sehr unterschiedlich beurteilt. Ein kurzer Hinweis im Testament, dass etwa die Vergütung nach den Vergütungsempfehlungen des Deutschen Notarvereins erfolgen soll, bewirkt, dass sich Erben und Testamentsvollstrecker nicht über die Vergütung streiten können.

Formulierungsbeispiel

Testament

Ich, ..., geboren am ... in ..., ledig, keine Kinder, deutsche Staatsangehörige, errichte nachfolgendes Testament:

Ich erkläre, dass ich nicht durch ein bindend gewordenes gemeinschaftliches Testament oder einen Erbvertrag an der Errichtung dieses Testamentes gehindert worden bin. Hiermit hebe ich alle bisher von mir errichteten Verfügungen von Todes wegen in vollem Umfang auf.

Zu meinem alleinigen Vollerben bestimme ich Franz Meier, geb. am ... in ..., derzeit wohnhaft ...

Für den Fall, dass Franz Meier vor mit stirbt oder die Erbschaft ausschlägt, bestimme ich als Ersatzerbin Annette Huber, geb. am ... in ..., derzeit wohnhaft ...

Sollten meine Eltern bzw. ein Elternteil noch leben und nicht auf den Pflichtteil verzichtet haben, erhalten diese zur Abgeltung des Pflichtteilsanspruchs mein Ferienhaus in Spanien (genaue Bezeichnung) zu gleichen Teilen bzw. allein. Ansonsten erhält Achim Bauer das Ferienhaus einschließlich der Belastung darauf.

Ich vermache im Wege des Vermächtnisses an Claudia Dietrich, geb. am ... in ..., derzeit wohnhaft ..., 10% und an Erich Franke ... weitere 15% des im Zeitpunkt des Erbfalls im Nachlass vorhandenen Geldvermögens. Unter Geldvermögen fallen hierbei das gesamte Barvermögen, sämtliche Bankkonten einschließlich Girokonten und Sparbücher, Sparbriefe, Wertpapiere und Aktien. Nicht hierzu zählen Schmuck, Kunst oder der eventuelle Erlös aus einem Immobilienverkauf.

Ich vermache im Wege des Vermächtnisses an Günter Hahn sämtlichen Schmuck. Ich vermache im Wege des Vermächtnisses an Joachim Kirchner sämtliche Bilder.

Ludwig Müller erhält ein Vermächtnis in Höhe von 20.000 Euro verbunden mit der Auflage, mein Grab zehn Jahre lang zu pflegen. 10.000 Euro sind für die Grabpflege zu verwenden. Der Rest steht zur freien Verfügung.

Sollte ein Vermächtnisnehmer wegfallen oder der vermachte Gegenstand nicht im Nachlass sein, so entfällt das jeweilige Vermächtnis ersatzlos. Ein Ersatzvermächtnisnehmer wird ausdrücklich nicht bestimmt. Die Kosten für die Vermächtniserfüllung trägt immer der Vermächtnisnehmer und nicht mein Erbe.

Es wird Testamentsvollstreckung angeordnet. Als Testamentsvollstrecker benenne ich Herrn Rechtsanwalt Johannes Roth. Der Testamentsvollstrecker hat die Aufgabe, die oben angeordneten Vermächtnisse zu erfüllen. Die Vergütung erfolgt nach den Vergütungsempfehlungen des Deutschen Notarvereins.

Ort, Datum, Vorname Nachname

Pflichtteilsrecht der Angehörigen beachten

Bei der Abfassung des „letzten Willens" ist stets das Pflichtteilsrecht zu berücksichtigen. Der Gesetzgeber sieht vor, dass ein bestimmter Personenkreis nicht ganz leer ausgehen kann. Bei einer ledigen, kinderlosen Frau können nur die eigenen Eltern pflichtteilsberechtigt sein. In diesem Fall können ausschließlich die Eltern den vom Gesetzgeber eingeräumten Anspruch auf eine Mindestteilhabe am Erbe in Form eines Pflichtteils geltend machen. Der Pflichtteilsanspruch beläuft sich auf die Hälfte des gesetzlichen Erbteils. Eine Frau ohne Kinder, deren Eltern bereits verstorben sind, braucht dagegen keine Pflichtteilsansprüche zu beachten, sie ist völlig frei, per Testament über ihr Vermögen zu verfügen.

Was passiert, wenn eine Frau in ihrem Testament berechtigte Pflichtteilsansprüche nicht beachtet? In diesem Fall können die pflichtteilsberechtigten Verwandten ihren Pflichtteil geltend machen, der Rest des Nachlasses geht dann an die testamentarisch eingesetzten Erben. Leben Vater und Mutter noch und bestehen beide auf ihrem Pflichtteil, so erhalten sie die Hälfte der Erbschaft. Ein überlebender Elternteil kann Anspruch auf ein Viertel des Nachlasses erheben, der im Testament bestimmte Erbe erhält in diesem Fall drei Viertel der Erbschaft.

Expertentipp

Der Pflichtteilsanspruch der Eltern beläuft sich auf ein Viertel des Nachlasses pro Elternteil, wenn eine ledige Frau kein Kind hat. Wer seine Nachfolge plant und einen guten Kontakt zu den eigenen Eltern hat, kann versuchen, die Eltern zu einem notariellen Verzicht auf den Pflichtteil zu bewegen. Wenn die Eltern dies nicht tun, ist bei der Testamentsgestaltung zu bedenken, dass der Erbe oder die Erbin verpflichtet ist, die Hälfte des Nachlasses in Geld an die Eltern auszuzahlen, sofern sie es verlangen. Dies kann eine per Testament eingesetzte Erbin oder einen Erben in große Schwierigkeiten bringen, etwa, wenn er oder sie Immobilien („Betongeld“) erhält, das sich nicht sofort oder überhaupt nicht in echtes Geld verwandeln lässt.

Die Berechnung des Pflichtteilsanspruchs und die Begrenzung des Pflichtteilsrisikos ist ausführlich in Kapitel 3 dargestellt.

Kapitel 2

Die Frau in Partnerschaft ohne Trauschein

Eine Partnerin ohne Trauschein erbt auch nach Jahrzehnten eines eheähnlichen Verhältnisses von ihrem Partner nichts und erwirbt auch weder per Versorgungsausgleich noch in Form von Witwenrente Ansprüche auf einen Teil der Rente ihres Geliebten. Sie ist im Vergleich zu einer Ehefrau deutlich schlechter finanziell abgesichert. Nur per Testament oder Erbvertrag, Schenkungen zu Lebzeiten oder Lebensversicherungen lässt sich die Benachteiligung abmildern.

Manche Paare möchten zwar zusammenleben, aber keine Ehe oder eingetragene Lebenspartnerschaft eingehen. Die Gründe sind vielfältig. Manchmal ist es Bindungsangst. Manchmal sind es schlechte Erfahrungen aus einer vorangegangenen Beziehung. Manchmal soll eine vor der Partnerschaft geschlossene Ehe auf dem Papier bestehen bleiben, weil eine Scheidung aus religiösen Gründen nicht in Betracht kommt. Oft steht einer neuen Ehe oder eingetragenen Lebenspartnerschaft ein Anspruch auf Witwenrente aus einer früheren Ehe entgegen, der nicht verloren gehen soll. Doch wer erbt nach dem Tod eines Partners aus einer „wilden Ehe"?

Keine Absicherung beim Tod des Partners

Angenommen, der Partner einer unverheirateten Frau hat vor seinem Tod kein Testament errichtet, der Partnerin nichts zu Lebzeiten von seinem Vermögen per Schenkung übereignet und auch keine Lebensversicherung zu ihren Gunsten abgeschlossen: Die Frau hat keine Erbansprüche nach dem Todesfall, sie erhält von dem Vermögen des Verstorbenen nicht einen einzigen Cent und keinen Gegenstand, kein Buch, kein Auto, keinen Teller, kein Erinnerungsstück, kein Bild, keine Wohnung. Die „wilde Witwe" muss sich damit abfinden, dass sie keine anerkannte Witwe ist und sich schlicht und einfach mit einer schwarzen Null begnügen muss. Im Einzelfall kann das Resultat der Ehelosigkeit außerordentlich bitter sein, etwa wenn die Partnerin selbst über keine ausreichenden Rentenansprüche verfügt und ihr im Alter neben dem Vermögen des Partners auch die Ansprüche auf Hinterbliebenenrente fehlen, die einer verheirateten Partnerin nach mindestens fünf Jahren Ehezeit zustehen (60 Prozent der Rente des Verstorbenen).

Verwandtschaft des Partners erbt alles

Ohne anderslautende Regelungen in einem Testament oder Erbvertrag wird ein verstorbener Partner nach der gesetzlichen Erbfolge ausschließlich von seinen Verwandten beerbt. Häufige Erben – anstelle der unverheirateten Partnerin – sind die Kinder des Verstorbenen (nach deren Tod die Enkelkinder). Sofern der Verstorbene kein Kind hinterlässt, erben nach der gesetzlichen Erbfolge ausschließlich seine Verwandten. Erbberechtigt sind dann in erster Linie seine Eltern, nach deren Tod die Geschwister oder, sofern diese bereits verstorben sind, deren Kinder. Sind die Eltern verstorben ohne weitere Kinder, erben die Großeltern und deren Nachkommen. Wenn sich auch hier keine Verwandten finden, erben noch weiter entfernte Verwandte.

Wohnrecht endet nach 30 Tagen

Angenommen, die Partner haben bis zum Todesfall in der Eigentumswohnung des Verstorbenen oder in seinem eigenen Haus gewohnt, so kommt nach dem Todesfall zum fehlenden Glück möglicherweise noch großes Pech hinzu: Die Verwandten des Verstorbenen können die unverheiratete Partnerin innerhalb kurzer Zeit aus der Wohnung werfen. Sie kann als Mitbewohnerin lediglich 30 Tage bleiben, es sei denn, die Verwandten geben ihr eine Galgenfrist und dulden großzügigerweise ihre Anwesenheit für eine Frist von ein paar Wochen oder Monaten (darauf sollte sich die Frau nicht verlassen!).

Weder Pflichtteil noch Witwenrente der Lebenspartnerin

Die Partnerin kann gegenüber den Erben auch keinerlei Pflichtteilsansprüche geltend machen, selbst wenn die Liaison bereits Jahrzehnte bestanden hat und die beiden liebevoll, treu und einträchtig wie ein ideales Ehepaar zusammengelebt und gemeinsam gewirtschaftet haben. Auch wenn die Frau ihren Partner jahrelang gepflegt hat und er bisher für die Versorgung zuständig war, bleibt sie bei seinem Tod ohne jegliche Absicherung. Jahrelange aufopferungsvolle Pflege hat hier nur „Gottes Lohn“ zur Folge. Eine Eheschließung noch kurz vor dem absehbaren Tod eines Partners führt erbrechtlich zu einer deutlich besseren Situation, das heißt, die Partnerin wird erbberechtigt, doch der zweite Baustein einer Altersversorgung – die Hinterbliebenenrente – fehlt, da die Voraussetzung – fünf Jahre Ehezeit – nicht mehr zustande kommt. Eine wilde Ehe kann berauschend sein, das Schicksal danach jedoch manchmal hart.

Expertentipp

Partner ohne Trauschein sollten auf ein optimales Absicherungspaket hinarbeiten, das für alle Eventualitäten die richtige Antwort beinhaltet. Ein solches Absicherungspaket besteht aus folgenden Elementen:

- Schenkung und/oder Versicherung
- Testament oder Erbvertrag
- Entbindung von der Schweigepflicht und Einräumung eines Besuchsrechts
- Patientenverfügung
- Vorsorgevollmacht
- Wohnungsrecht

Alternativen zum Trauschein?

Reicht es aus, wenn die Nachteile der wilden Ehe in den letzten Jahren der Partnerschaft durch Schenkungen oder Lebensversicherungen zugunsten der unverheirateten Partnerin kompensiert werden?

Versorgung des Partners mittels Schenkungen

Vorsicht! So einfach geht Altersvorsorge nicht. Wenn sich die Partner nach Jahrzehnten von einem Tag auf den anderen trennen und die Schenkung nun doch nicht mehr erfolgt, zerschlägt sich diese Lösung schnell. Schenkungen in den letzten Jahren vor dem Tod sind jedoch noch aus einem anderen Grund nicht die beste Lösung. Denn pflichtteilsberechtigte Personen – Kinder, Eltern und Noch-Ehegattern – können ihren Anteil an allen Schenkungen der letzten zehn Jahre vor dem Tod fordern. Das Pflichtteilsrecht sieht vor, dass das verschenkte Vermögen als Teil des Erbes gewertet wird und rechtmäßige „Pflichtteilsergänzungsansprüche“ auslöst. In der Konsequenz bedeutet das, dass der überlebende Lebenspartner den Wert des gesetzlichen Pflichtteils aus der Schenkung kurzfristig in bar an die Pflichtteilsberechtigten auszahlen muss. Dies kann den Lebenspartner in große finanzielle Probleme stürzen, vor allem dann, wenn er als Schenkung eine Immobilie erhalten hat und nicht über das nötige Bargeld verfügt, um Pflichtteilsansprüche zu befriedigen.

Eine Schenkung kommt somit nur dann als eine Lösung für Partner ohne Trauschein in Frage, wenn der schenkende Partner keine pflichtteilsberechtigten Verwandten hat oder mit ihnen einen Pflichtteilsverzicht (gegen Abfindung) vereinbart hat. Doch auch sonst ist eine Schenkung gefährlich, denn direkt nach der Überweisung eines Geldbetrages kann die Partnerschaft in die Brüche gehen. Besser ist es, die Schenkung mit einer Gegenleistung wie zum Beispiel einer Pflegeverpflichtung zu verknüpfen.

Absicherung des Partners durch Lebensversicherungen

Als Alternative zur Schenkung bietet sich die Lebensversicherung zugunsten der Partnerin an. Eine hundertprozentige Sicherheit stellt eine beliebige Lebensversicherung nicht dar, denn wenn der Partner aus irgendeinem Grund die Zahlungen einstellt oder einstellen muss, fehlt am Ende der Partnerin die Versicherungssumme. Bei einer Beendigung der Partnerschaft droht praktisch immer die Kündigung des Versicherungsvertrages. Im Idealfall wird die Lebensversicherung jedoch genau zu dem Zeitpunkt ausgezahlt, in dem der verstorbene Partner selbst nichts mehr für die hinterbliebene Partnerin tun kann.

Beim Abschluss einer Lebensversicherung kommt es nicht nur auf die üblicherweise bei solchen Produkten beworbenen und bei der Auswahl geprüften Pluspunkte wie „seriöse Gesellschaft“, „günstige Konditionen“, „hohe Rendite“ und „niedrige Provisionen“ an. Vielmehr ist es ganz entscheidend, die Lebensversicherung so zu konstruieren, dass der Zweck erfüllt wird. Eine spezielle Variante der Lebensversicherung kommt einer unverheirateten Frau sehr entgegen. Die Partnerin, die abgesichert werden soll, schließt als Versicherungsnehmerin einen Lebensversicherungsvertrag auf das Leben des zukünftigen Erblassers ab. Wenn dieser stirbt, erhält sie die Versicherungssumme weitgehend steuerfrei. Sofern sie nicht selbst, sondern der Partner die Versicherungsprämien gezahlt haben sollte, hat sie nur die Prämien, die er in den letzten zehn Jahren gezahlt hat, zu versteuern, weil sie quasi vom Partner geschenkt wurden. Dies ist vom Finanzamt anerkannt. Die Versicherung empfiehlt diese Gestaltung in der Regel nicht von sich aus.

Experten-tipp

Die Partner sollten unbedingt darauf achten, dass die begünstigte Person im Versicherungsvertrag ausdrücklich als „Bezugsberechtigte" eingetragen wird und die Bezugsberechtigung nicht gekündigt werden kann. Ansonsten besteht die Gefahr, dass die gesetzlichen Erben unmittelbar nach dem Todesfall die Bezugsberechtigung kündigen und das Geld aus der Versicherung als Teil des Nachlasses für sich verbuchen.

Das Testament für Paare ohne Trauschein

Ohne Testament oder Erbvertrag gibt es für unverheiratete Partner kein Erbe. Damit der „letzte Wille" zugunsten der Geliebten oder des Geliebten nicht von vornherein ins Leere geht, ist zuerst zu prüfen, ob noch die so genannte „Testierfreiheit" besteht. Dies ist nicht der Fall, wenn ein Partner oder eine Partnerin aufgrund eines gültigen Ehegattentestaments keine wirksame „Verfügung von Todes wegen" mehr treffen kann. Wenn also ein Partner bereits mit der verstorbenen Ehefrau ein gemeinschaftliches Ehegattentestament errichtet hat, das den länger lebenden Ehepartner als Erben und sodann die gemeinsamen Kinder nach dem Tod des zuletzt verstorbenen Partners als Erben vorsieht, dann besteht keine Möglichkeit, dieses Testament zu revidieren und nun eine neue Partnerin anstelle der Kinder zu begünstigen. Ähnlich verhält sich das, wenn einer der Partner zwar über ein ererbtes Vermögen – möglicherweise sogar in Millionenhöhe – verfügt, jedoch lediglich als „Vorerbe" eingesetzt wurde. Denn in diesem Fall kann ein Partner oder eine Partnerin über das Vermögen nicht mehr selbst bestimmen, weil es bereits den „Schlusserben" – häufig sind das die Kinder – zugesprochen wurde. Lässt sich ein Partner dazu hinreißen, der Partnerin mit einem neuen Testament die Übertragung eines Vermögens zu versprechen, erweist sich dieses im Erbfall als völlig unwirksam und wertlos.

Wenn unverheiratete Partner noch ein rechtmäßiges Testament errichten können, dann besteht praktisch immer die Vorstellung, dass der Partner oder die Partnerin nur dann erben soll, wenn die Beziehung noch nicht beendet ist – die Erbberechtigung von Ehegatten endet ja auch mit einem Scheidungsantrag. Nun besteht nach Beendigung der Beziehung immer die Möglichkeit, das Testament zu zerreißen, so dass es unwirksam wird. Diese Vernichtung ist absolut sicher, solange daran gedacht wird. Doch gerade bei älteren Partnern in den 80ern und 90ern besteht die Gefahr, dass sie als Demenz-Patienten nicht mehr wissen, wann, wo, warum und für wen sie ein Testament geschrieben haben und wo es aufbewahrt ist. Aus diesem Grund kommt als Lösung die Befristung für die Dauer der Beziehung infrage. Die Befristung reicht aber nicht aus, denn wann genau ist denn eine Beziehung beendet?

Expertentipp

Im Testament sollten klare Regeln enthalten sein, wann die Beziehung beendet ist. Dies könnte man so definieren: „Das Testament verliert seine Gültigkeit, sobald ich die Beziehung schriftlich für beendet erklärt habe." Da hierbei das Problem der praktischen Beweisbarkeit insbesondere nach dem Tod besteht, ist es am sichersten, das Testament sofort nach Beziehungsende zu vernichten.

Testament oder Erbvertrag?

Um sich zu beerben, müssen sich die unverheirateten Partner in getrennten Einzeltestamenten zu Erben einsetzen. Ein gemeinschaftliches Ehegattentestament ist ohne Trauschein nicht zulässig. Eine gegenseitige Erbeinsetzung ist jedoch auch durch einen notariellen Erbvertrag möglich. Zwischen einem Testament und einem Erbvertrag bestehen gewaltige Unterschiede:

- Ein einmal vor einem Notar unterschriebener und nicht mit einem Rücktrittsvorbehalt versehener Erbvertrag bindet die Partner grundsätzlich an dessen Inhalt. Nur unter ganz engen und selten vorliegenden Voraussetzungen kann eine in einem solchen Erbvertrag vorgesehene Erbeinsetzung wieder revidiert werden. Es sollten daher beide Partner vor Abschluss eines Erbvertrages kritisch prüfen, ob sie sich wirklich in dieser Weise festlegen wollen.
- Ein Testament einer einzelnen Person führt nicht zu diesem Ergebnis. Es kann jederzeit einseitig vernichtet und damit unwirksam gemacht werden – ohne dass der Lebenspartner hiervon in Kenntnis gesetzt werden muss.

Testament, wenn es keine Verwandten mehr gibt

Wenn beide Partner unverheiratet sind und keine Kinder haben und die Eltern nicht mehr leben, ist es ganz einfach: Beide errichten ein eigenes Testament, in dem sie den Partner als Alleinerben einsetzen. Daneben können – wenn gewollt – Freunde oder Verwandte oder eine gemeinnützige Organisation ein Vermächtnis (zum Beispiel Gegenstände oder einen Geldbetrag) erhalten.

Formulierungsbeispiel

Testament

Als Alleinerben setze ich Franz Meier ein. Für den Fall, dass Franz Meier vor mir stirbt, soll Thomas Müller erben.

Cousine Annette Huber erhält als Vermächtnis meinen gesamten Schmuck. Sollte meine Cousine vor mir sterben, entfällt das Vermächt-

nis. Sollte der Schmuck nicht mehr vorhanden sein, entfällt das Vermächtnis ebenfalls.
Das Testament verliert seine Gültigkeit, wenn ich die Beziehung mit Franz Meier handschriftlich für beendet erkläre.

Testament, wenn ein Elternteil noch lebt

Wenn beide Partner unverheiratet sind und keine Kinder haben, jedoch noch die Eltern oder ein Elternteil leben, haben alle lebenden Elternteile einen Pflichtteilsanspruch in Höhe von je einem Viertel des Nachlasses. Geschwister können dagegen keinen Pflichtteilsanspruch geltend machen.

Beispiel

Rita setzt ihren Lebensgefährten testamentarisch als Alleinerben ein. Sie hat keine Kinder, als sie unerwartet mit 38 Jahren bei einem Verkehrsunfall stirbt. Von ihren nächsten Verwandten leben noch die Mutter und drei Geschwister. Der Nachlasswert beträgt 100.000 Euro. Die Mutter hat einen Pflichtteilsanspruch von einem Viertel, also 25.000 Euro. Der Lebensgefährte erbt also 100.000 Euro und muss davon an die Mutter 25.000 Euro Pflichtteil ausbezahlen, sofern diese den Pflichtteil fordert.

Testament, wenn der Partner noch verheiratet ist

Auch eine verheiratete Frau kann ihren langjährigen Lebensgefährten als Alleinerben einsetzen. Ein „Geliebtentestament“ ist jedoch nach den gesetzlichen Bestimmungen nichtig, wenn es entweder das sittenwidrige Verhalten einer Person belohnen soll („Hergabe für die Hingabe“, so ein Originalzitat des BGH, gemeint ist Sex gegen Testament) oder aus einer familienfeindlichen Gesinnung heraus errichtet wurde.

Expertentipp

Achtenswerte Motive (zum Beispiel langjährige partnerschaftliche Beziehung, Pflege der Erblasserin) für die Erbeinsetzung des Partners sollten ausdrücklich in das Testament mit aufgenommen werden. Dadurch lässt sich vermeiden, dass sich nach dem Tod der Frau der Lebensgefährte mit dem Witwer um das Erbe streitet. Ungeachtet dessen hat der Witwer einen Pflichtteilsanspruch.

Testament, wenn die Frau ein Kind hat

Wenn die Frau mit Lebenspartner ein Kind hat, muss sie zunächst entscheiden, wen sie vorrangig absichern will.

Partner als Alleinerbe

Will eine Frau ihren Partner vorrangig absichern, so sollte sie ihn als Alleinerben einsetzen. Wenn der Partner als Alleinerbe eingesetzt wird, entsteht als Rechtsfolge, dass das Kind pflichtteilsberechtigt ist. Das bedeutet, dass der erbende Partner den Pflichtteil an das Kind in Geld auszahlen muss, sofern das Kind eine entsprechende Forderung erhebt. Ansonsten kann der Partner selbst bestimmen, wer nach ihm erben soll.

Partner als Vorerbe, Kind als Nacherbe

Der Partner kann als Vorerbe eingesetzt werden, wenn gewünscht ist, dass das, was vom Erbe nach dem Tod des Partners noch übrig ist, an das Kind vererbt werden soll. In diesem Fall kann der Partner nach dem Tod der Partnerin nicht selbst bestimmen, was er mit dem geerbten Vermögen macht. Der Vorerbe darf den Nachlass nutzen (zum Beispiel Wohnungen vermieten, Zinserträge einnehmen, Autos fahren, Bücher lesen). Er muss aber die Substanz (Immobilie oder Geldbestand) für die Nacherben erhalten. Der Vorerbe unterliegt deshalb von Gesetzes wegen diversen Beschränkungen. Er kann insbesondere über Grundstücke und Grundstücksrechte nicht ohne Zustimmung der Nacherben verfügen. Diese Verfügungsbeschränkung wird durch Eintragung eines Nacherbenvermerks im Grundbuch gesichert. Der Vorerbe darf auch nichts verschenken mit Ausnahme von kleinen Anstandsschenkungen.

Kind als Alleinerbe

Wenn das Kind als Erbe eingesetzt wird, erbt der Partner nichts. Er hat auch keinen Pflichtteilsanspruch. Zur Absicherung sollte der Partner ein Vermächtnis – Geldbetrag, bestimmter prozentualer Anteil vom Geldvermögen oder eine Immobilie – erhalten.

Wohnrecht des Partners sichern

Beide Partner sind Eigentümer einer Immobilie

Gehört den Partnern eine Eigentumswohnung oder ein Haus, so sollten sie sich gegenseitig ein lebenslanges Nießbrauchs- oder Wohnungsrecht einräumen. Wichtig ist, dass dies „gegenseitig“ geschieht. Denn nur in diesem Fall ist keine Schenkungsteuer an den Fiskus abzuführen!

Ein Partner ist Immobilieneigentümer

Wenn das Haus oder die Eigentumswohnung nur einem der Partner gehört, und die Partnerin den Wert der Immobilie nicht zur Absicherung benötigt, kann überlegt werden, die Immobilie einer gemeinnützigen Organisation zu vererben und der Partnerin ein lebenslanges Wohnrecht zu vermachen. In diesem Fall braucht die gemeinnützige Organisation gar keine Steuern zu bezahlen, weil sie von der Erbschaftsteuer freigestellt ist. Die Partnerin muss nur den Wert des Wohnungsrechts versteuern. Diese Steuerlast kann noch dadurch verringert werden, dass eine Pflegeverpflichtung vereinbart wird.

Übernahme des Mietvertrages

Wenn Partnerin und Partner in einer Wohnung leben, die einer von beiden gemietet hat, tritt der überlebende Partner automatisch in den Mietvertrag des verstorbenen Partners ein, so dass das Weiterleben in der gemeinsamen Mietwohnung grundsätzlich kein Problem darstellt. Wenn die Frau aber zusammen mit dem Partner in dessen Eigentumswohnung oder Haus gelebt hat, kann sie lediglich weitere 30 Tage lang die Wohnung oder das Haus nutzen. Danach können die Erben sie buchstäblich „vor die Tür setzen“.

Expertentipp

Um zu verhindern, dass die Erben einer Immobilie des Mannes die Frau bereits nach 30 Tagen aus der Wohnung, die zuvor beide bewohnt hatten, hinauswerfen können, sollte die Frau darauf hinarbeiten, dass ihr ein Wohnungsrecht eingeräumt und im Grundbuch eingetragen wird. Das Wohnungsrecht kann lebenslänglich oder zeitlich beschränkt eingeräumt werden. Es kann ab sofort oder erst ab dem Tod des Mannes eingeräumt werden.

Kapitel 3

Die verheiratete Frau

Die Ehefrau eines vermögenden Mannes erbt nach dessen Tod in der Regel nach der gesetzlichen Erbfolge die Hälfte des Nachlasses; der Rest geht an die Kinder. Diese Zwangsgemeinschaft birgt viele Probleme bei der Nachlassverwaltung und dem Verkauf von Nachlassgegenständen. In vielen Fällen ist es deshalb sehr wichtig, dass die Eheleute per Einzeltestament oder in einem gemeinsamen Ehegattentestament klare Regelungen für den Erbfall treffen. In diesem Kapitel erfahren Sie, wie Ehepartner wechselseitig für sich selbst und ihre Kinder optimal vorsorgen können.

Ob eine Ehefrau nach dem Tod des Ehemanns überhaupt etwas erbt, hängt nicht nur von ihrer rechtlichen Situation – Ehestand, Ehevertrag, Erbrecht – ab, sondern ganz entscheidend davon, ob ihr jemand etwas vererben kann und will. Generell gilt die Formel: Wo nichts ist, wird auch nichts vererbt. Dies ist in der vielbeschworenen „Erbengeneration“ der weitaus häufigste Fall. Auch im angeblich so „sicheren Hafen der Ehe“ kann eine Ehefrau Schiffbruch erleiden. Auf jeden Fall kann keine Frau davon ausgehen, dass sich der Trauschein eines Tages als Garantie für eine beachtliche Erbschaft bewähren wird.

Um die Desillusionierung abzurunden, sei hier auch erwähnt, dass eine verheiratete Frau nicht nur Gold und Geld, sondern auch einen Schuldenberg erben kann. In diesem Fall ist es ratsam und notwendig, die Erbschaft rechtzeitig innerhalb der gesetzlichen Fristen auszuschlagen oder zumindest die Haftung auf das ererbte Fass ohne Boden zu begrenzen (so dass wenigstens das eigene Vermögen gesichert wird).

Der Ehevertrag

Eine vermögende Frau, die einen netten Mann – Finanzstatus Habenichts oder Habewenig – heiratet, sollte sich bereits vor der Eheschließung mit der Frage auseinandersetzen, ob ein Ehevertrag zusätzlich zu der vor Gott und dem Standesbeamten geschlossenen Ehe die profanen weltlichen Dinge eindeutig zu ihren Gunsten regeln sollte. Zwar kann die Bereitschaft zur Ehe bei dem Ehemann in spe schlagartig erlöschen, wenn er sich bewusst wird, dass der beabsichtigte Ehevertrag ihm im Falle des Scheiterns der Ehe – etwa durch Ausschluss des Zugewinns bei Scheidung – keinerlei Vermögensvorteile bringt. Aber der vermögenden Frau kann ein solcher Vertrag große finanzielle Sicherheit bieten. Sie muss zum Beispiel nicht um ihre Villa fürchten, die eventuell während der Ehezeit eine hohe Wertsteigerung erfahren hat. Denn in diesem Fall kann der Ehemann im Zuge der Scheidung keinen Zugewinnausgleich fordern.

Ein Ehevertrag kann auch einen wesentlichen Einfluss auf den gesetzlichen Erbteil der Witwe nach dem Tod eines Partners haben. Wenn die Partner per notariellem Ehevertrag den Güterstand der Gütertrennung oder Gütergemeinschaft vereinbart haben, gelten andere Regeln als bei der im Regelfall – ohne Ehevertrag – automatisch bestehenden Zugewinngemeinschaft.

Das gesetzliche Erbrecht der Witwe

Nur dann, wenn die Ehepartner kein Testament errichtet haben, gilt die gesetzliche Erbfolge. Bei der gesetzlichen Erbfolge – die Regelungen sind im „Bürgerlichen Gesetzbuch" BGB niedergelegt – handelt es sich um juristisch einwandfreie und klare Bestimmungen, die im Kern hundert Jahre alt sind und daher heute oft nicht mehr zu den besonderen Vermögensverhältnissen und Vorstellungen der Ehepartner passen.

Der gesetzliche Erbteil des Ehegatten			
Güterstand	neben 1 Kind	neben 2 Kindern	bei mehr als 2 Kindern
Zugewinngemeinschaft	1/4 + 1/4 = 1/2	1/4 + 1/4 = 1/2	1/4 + 1/4 = 1/2
Gütertrennung	1/2	1/3	1/4
Gütergemeinschaft	1/4	1/4	1/4

Erbrecht der Witwe bei Zugewinngemeinschaft

Die gesetzliche Erbquote der Witwe, die neben Kindern ihres verstorbenen Ehemannes erbt, entspricht 50 Prozent. Sie erhält die Hälfte der Erbschaft, ein Viertel als gesetzlichen Erbteil und ein Viertel als pauschale Abgeltung ihres Anspruchs auf Zugewinnausgleich. Diese Abgeltung erfolgt unabhängig davon, ob ein Anspruch in dieser Höhe tatsächlich besteht. Im Ergebnis erbt die Ehefrau also die Hälfte von dem, was ihr verstorbener Ehemann hinterlassen hat.

Im gesetzlichen Güterstand der Zugewinngemeinschaft kann die Witwe jedoch noch eine andere ungewöhnliche Besonderheit nutzen, die ihr in eher seltenen Einzelfällen einen noch höheren Anteil an der Erbschaft beschert: die „güterrechtliche Lösung". Die Witwe kann die Erbschaft ausschlagen und neben einem Anspruch auf den konkreten Zugewinnausgleich (berechenbar aus dem tatsächlich erzielten Zugewinn während der Ehezeit) einen Pflichtteilsanspruch in Höhe eines Achtels geltend machen. Die Wahl dieser Variante bietet sich immer dann an, wenn der tatsächliche Zugewinn während der Ehezeit weit über dem pauschalen Zugewinnausgleich in Höhe von einem Viertel der Erbschaft liegt. Dies ist meist nur bei einer sehr langen Dauer der Ehe, hoher Inflation (Immobilien in Großstädten!) und beachtlichen Spekulationsgewinnen der Fall.

Expertentipp

Eine Witwe sollte immer unverzüglich nach dem Erbfall mit kompetenter Unterstützung eines Fachanwalts prüfen, bei welcher Handlungsalternative sie aus dem Nachlass ihres verstorbenen Ehemannes mehr Vermögen erben kann: Ist ihr Anspruch auf die Hälfte des Nachlasses höher? Oder kommt bei der „güterrechtlichen Lösung" mehr Geld zusammen? Summieren sich der Anspruch auf den konkreten (anhand von Fakten nachweisbaren) Zugewinnausgleich und den Pflichtteil in Höhe von einem Achtel zu einem höheren Betrag? Da die Ausschlagungsfrist nur sechs Wochen beträgt, ist diese Frage immer sehr rasch zu klären. Nur dann, wenn die erbende Ehefrau den anderen Erben – meist ihren Kindern – gerne eine höhere Erbquote zugesteht, macht diese Prüfung keinen Sinn

Beispiel

Eine junge Frau heiratet und ist zu diesem Zeitpunkt arm wie eine Kirchenmaus. Als ihr Ehemann nach Jahrzehnten verstirbt, hat sie noch immer kein eigenes Vermögen erwirtschaftet. Der verstorbene Ehemann – als Student ebenfalls zum Zeitpunkt der Heirat völlig mittellos – hinterlässt ein zu Beginn der Ehe gegründetes Architekturbüro nebst Bürogebäude mit einem Gesamtwert von 500.000 Euro. Die Witwe kann nun erbrechtlich einen Anspruch auf die Hälfte des Vermögens, 250.000 Euro, geltend machen. Sie kann aber auch die Erbschaft ausschlagen. In diesem Fall bekommt sie die Hälfte des von ihrem Mann während der Ehezeit erwirtschafteten Vermögens als konkreten Zugewinnausgleich (250.000 Euro) und zusätzlich den Pflichtteil in Höhe von einem Achtel, das sind 31.250 Euro, insgesamt also 281.250 Euro.

Erbrecht der Witwe bei Gütertrennung

Im Güterstand der Gütertrennung kann eine Witwe keine pauschale Erhöhung des gesetzlichen Erbteils – also keinen Zugewinnausgleich – geltend machen. Sie hat auch keinen Anspruch auf den konkreten Zugewinn. Was ihr laut Gesetz zusteht, ist ausschließlich der gesetzliche Erbteil. Sie erhält als Erbin neben einem Kind die Hälfte, ein Drittel neben zwei Kindern und bei drei und mehr Kindern nur ein Viertel des Nachlasses. Wenn sie neben Eltern oder Geschwistern oder noch entfernteren Verwandten des Verstorbenen erbt, beträgt ihr Erbteil immerhin 50 Prozent der Hinterlassenschaft. Nur in seltenen Ausnahmenfällen erbt sie ganz alleine den gesamten Nachlass.

Expertentipp

Ehevertragliche Vereinbarungen über den Güterstand der Gütertrennung sind sehr häufig zu beobachten, wenn ein Partner unternehmerisch tätig ist. Mit der Gütertrennung soll vielfach erreicht werden, dass das mit der Unternehmung verbundene wirtschaftliche Risiko nicht auf das Vermögen der Ehefrau durchschlägt. Das Haftungsrisiko der Ehefrau ist in den meisten Fällen jedoch keine Frage des Güterstandes. Die Ehepartner sollten sich aufgrund der erbrechtlichen Nachteile der Gütertrennung vor Abschluss eines Ehevertrages von einem Fachanwalt für Erbrecht beraten lassen. In der Regel sind die gewünschten Ziele mit einer Vereinbarung zur Anpassung des gesetzlichen Güterstandes der Zugewinngemeinschaft an die individuellen Bedürfnisse der Eheleute zu erreichen („modifizierte Zugewinngemeinschaft"), ohne dass die Witwe erbrechtliche Nachteile in Kauf nehmen muss.

Erbrecht der Witwe bei Gütergemeinschaft

Die Gütergemeinschaft, die in einem notariellen Ehevertrag vereinbart werden kann, spielt heute wegen der Haftung des einen Ehegatten für die Schulden des anderen so gut wie keine Rolle mehr. Kein vernünftiger Mensch setzt sich diesem Risiko aus, und jeder verantwortliche Jurist wird heiratswillige Menschen von dieser althergebrachten Eigentumsregelung abraten, die meist auch erbrechtlich für den überlebenden Partner sehr ungünstig ist. Bei der Gütergemeinschaft gehört das gesamte Vermögen, das die beiden Partner jeweils in die Ehe einbringen oder während der Ehe erwerben, beiden Eheleuten gemeinsam („Gesamtgut").

Kraft Gesetzes bleiben aber Vermögenswerte ausgenommen, die nicht durch Rechtsgeschäft erworben oder übertragen werden können. Dazu gehört zum Beispiel ein Nießbrauchsrecht an einer Immobilie. Daneben können die Eheleute mit einer gesonderten Vereinbarung einzelne Vermögenswerte dem einen oder anderen Ehepartner als Alleineigentum zuordnen („Vorbehaltsgut"). In erbrechtlicher Hinsicht wird das Gesamtgut den Eheleuten jeweils zur Hälfte zugeordnet. Das Sondergut ist in der Regel nicht vererblich und spielt bei der Erbfolge keine Rolle. Der Witwe gehört nach dem Tod des Partners zunächst einmal die Hälfte des gemeinsamen Vermögens. Von der Hälfte des Ehemannes – es handelt sich dabei um das vererbte Vermögen – kann die Witwe nach dem Todesfall nur ein Viertel beanspruchen, wenn der Verstorbene ein oder mehrere Kinder hatte. Als Erbin neben den Eltern, Geschwistern oder Großeltern des Verstorbenen erbt die Ehefrau die Hälfte des Vermögens. Ansonsten erbt die Witwe alleine.

Beispiel

Die Eheleute vereinbaren den Güterstand der Gütergemeinschaft. Die Ehefrau bringt in die Ehe ein Haus mit einem Wert von 250.000 Euro ein. Der Ehemann bringt in die Ehe zwei Häuser mit einem Wert von insgesamt 1,1 Mio. Euro ein. Außerdem hat der Ehemann das lebenslange Nießbrauchsrecht an einem Haus seiner Eltern, das er vermietet hat.

Die Eheleute vereinbaren, dass eines der Häuser des Ehemannes mit einem Wert von 600.000 Euro Vorbehaltsgut des Ehemannes sein soll. Der Ehemann stirbt und hinterlässt neben der Witwe einen Sohn. Es tritt die gesetzliche Erbfolge ein. Die Witwe wird Erbin zu 1/4 und der Sohn zu 3/4. Es ist kein weiteres Vermögen vorhanden. Das Nießbrauchsrecht wird als Sondergut nicht vererbt und spielt für die erbrechtlichen Ansprüche keine Rolle. Das Gesamtgut hat einen Wert von 750.000 Euro. Im Nachlass befinden sich der Anteil des Ehemannes am Gesamtgut im Wert von 375.000 Euro und das Vorbehaltsgut im Wert von 600.000 Euro. Aus den Werten erhält die Witwe nur 243.750 Euro der Sohn dagegen 731.250 Euro.

„Voraus" der Witwe

Beim Eintritt der gesetzlichen Erbfolge treten die Erben als Erbengemeinschaft in die Rechtspositionen des Erblassers sein. Der Erbengemeinschaft gehören auch die Anteile des Erblassers am gemeinsamen Hausrat und die Geschenke, die er aus Anlass der Hochzeit bekommen hat. In jedem Fall hat die Witwe aber Anspruch auf alle Haushaltsgegenstände, die sie zur Führung eines angemessenen Haushalts benötigt. Der Witwe soll grundsätzlich ermöglicht werden, den Haushalt mit den gewohnten Gegenständen weiterzuführen. Zu den Haushaltsgegenständen im engeren Sinne gehören insbesondere Möbel, Bettwäsche, Tischwäsche, Geschirr, Küchengeräte, Waschmaschine, Fernseher, Radio, Stereoanlage, Tonträger, allgemeine Literatur. Auch das gemeinsam genutzte und in erster Linie zu familiären Zwecken eingesetzte Auto zählt zum Hausrat. Auf den Wert der einzelnen Gegenstände kommt es nicht an. Auch das Tafelsilber, wertvolle Teppiche sowie wertvolle Bilder können zum Hausrat gehören.

Nicht unter den Begriff der Haushaltsgegenstände fallen hingegen die Gegenstände, die der verstorbene Ehemann für berufliche Zwecke oder ein spezielles Hobby benötigte. Gleichfalls nicht unter diese Rubrik fallen Sachen, die für wissenschaftliche oder künstlerische Tätigkeiten verwendet worden sind, sowie persönliche Habseligkeiten des Erblassers wie Kleidung, Schmuck oder

Kosmetika. Im Einzelfall kann die Abgrenzung schwierig und damit sehr streitanfällig sein. Nachdem sich der Hausrat in aller Regel ohnehin im Besitz der Witwe befindet, hat sie in der Praxis eine sehr gute Ausgangslage. Sie muss sich nicht selbst um die aktive Durchsetzung ihrer Ansprüche kümmern.

Nachteile der gesetzlichen Erbfolge für die Witwe

Da die Witwe in der Regel nicht gesetzliche Alleinerbin wird, findet sie sich meist mit anderen Verwandten des Erblassers in einer Erbengemeinschaft wieder. Neben gemeinsamen Kindern können auch Kinder des verstorbenen Ehemannes aus früheren Ehen, ferner Eltern, Geschwister sowie Nichten und Neffen des Erblassers und weit entfernte Verwandte eine Erbengemeinschaft bilden. Auch stark verfeindete Streithähne mit vielen offenen Rechnungen gehören manchmal zu den Erben und finden in der Gemeinschaft jede Menge Anlass und Gelegenheit, ihre Meinungsverschiedenheiten auszutragen. Erbengemeinschaften entwickeln sich nicht selten zu erbitterten Streitgemeinschaften.

Die Verwaltung des Nachlasses hat aber mit allen Miterben gemeinschaftlich zu erfolgen. Solange sich alle Erben einigen können, stellt die Erbengemeinschaft für die Witwe kein Problem dar. Doch das ist eher selten, sehr oft kommt es rasch zu endlosen Auseinandersetzungen, überzogenen Forderungen maßloser Querulanten und strategischen Scharmützeln und Auseinandersetzungen verfeindeter Parteien und Grüppchen.

Solche Auseinandersetzungen entsprechen oft nicht den Interessen der überlebenden Ehefrau. Wenn die Witwe ihr persönliches Wohnumfeld in dem ehemals gemeinsamen Hausgrundstück für sich erhalten möchte, kann sie das nur mit allen Mitgliedern der Erbengemeinschaft gemeinsam erreichen. In vielen Fällen unterstützen die Miterben – häufig die Kinder – diese Absicht und verzichten darauf, ihren Anteil einzufordern. Das muss aber nicht so sein. Wer hochverschuldet mit dem Rücken zur Wand steht, ist auf jede Geldquelle angewiesen. Ein einzelner Miterbe kann nun seine Position ausnutzen, um von der Witwe für seinen Anteil einen möglichst hohen Ausgleichsbetrag zu erlangen. In der Regel droht der blockierende Miterbe mit der Teilungsversteigerung des Hauses. In diesem Fall muss die Witwe mit einem Verlust des gesamten Hauses rechnen. Miterben können in dieser Situation die Chance nutzen, für ihren Anteil einen überhöhten Preis durchzusetzen. Mit anderen Worten: Die Witwe hat in einer Erbengemeinschaft meist nur eine sehr ungünstige Verhandlungsposition.

Das Testament der verheirateten Frau

Ehepaare sind gut beraten, frühzeitig zu überlegen, wer einmal ihr Vermögen erben soll. Was heißt in diesem Zusammenhang frühzeitig? Unternehmerinnen und Unternehmer sollten schon ab Gründung oder Übernahme einer Firma dafür Sorge tragen, dass bei einem unvorhergesehenen Todesfall die Handlungsfähigkeit des Unternehmens erhalten bleibt und somit nicht unnötig Kapital vernichtet wird (was sich auch und gerade nachteilig für die Ehepartnerin oder den Ehepartner auswirken kann). Auch bei großem Vermögen bietet es sich an, schon lange vor der Pensionsgrenze an die Nachfolgeplanung zu denken, denn in diesem Fall sind alle zehn Jahre durch Eigentumsübertragungen an die Kinder und andere Verwandte – sprich durch Schenkung – Steuerlasten in erheblichem Umfang zu vermeiden. Sofern nicht schon früher gesundheitliche Warnzeichen – Herzinfarkt, Schlaganfall, Krebs und andere Erkrankungen – auftreten, sollten Ehepaare spätestens mit Eintritt in den Ruhestand – also etwa mit Mitte 60 – an testamentarische Verfügungen denken.

Expertentipp

Ein ausgefeiltes Testament, das wirklich alle Eventualitäten berücksichtigt und exakt dem persönlichen Willen entspricht, lässt sich am besten erstellen, wenn beide Ehepartner gesund und munter sind, über Zeit zum Nachdenken verfügen und ihre Absichten nicht nur untereinander, sondern auch mit ihren Kindern besprechen können. Soll zum Beispiel die materielle Absicherung des überlebenden Ehepartners durch Verzicht der Kinder auf den Pflichtteil gegen eine Abfindung zu Lebzeiten erreicht werden, so sind

Gespräche mit dem Nachwuchs zu führen, Überzeugungsarbeit zu leisten, Verträge vorzubereiten und Notartermine wahrzunehmen. All dies ist zwar auch bei einer fortgeschrittenen Erkrankung nicht ausgeschlossen, doch die Wahrscheinlichkeit, dass dann perfekte Testamente und hundertprozentige Nachfolgelösungen zustande kommen, ist deutlich geringer.

Nicht zu unterschätzen ist die Gefahr, dass ein Ehepartner im fortgeschrittenen Alter aufgrund von schweren Erkrankungen nicht mehr zu einer eigenen vernünftigen Nachfolgeplanung in der Lage ist. Alte, gebrechliche Eheleute, die nicht mehr im Vollbesitz ihrer geistigen Kräfte sind oder durch den Tod des Partners stark in Mitleidenschaft gezogen sind, lassen sich leicht von einem der Kinder oder einer betreuenden Person manipulieren. Erbschleicherei ist in diesem Zusammenhang ein riesiges Thema. Wer auf Hilfe angewiesen ist und in Abhängigkeit zu einer verwandten oder vertrauten Person gerät, ist in der Regel nicht mehr in der Lage, den eigenen Willen durchzusetzen.

In drei Schritten zum perfekten Testament

- **Erster Schritt** bei den Überlegungen der Ehepartner sollte immer die Prüfung sein, ob die gesetzliche Erbfolge dem eigenen Willen entspricht oder nicht. Kommen die Ehepartner zu dem Ergebnis, dass die gesetzliche Erbfolge exakt das ist, was in ihrem Fall gelten soll, brauchen sie nichts weiter zu tun. Testamente sind in diesem Fall nicht erforderlich!
- Angenommen, die Ehepartner kommen zu dem Schluss, dass testamentarische Verfügungen sinnvoll und notwendig sind, sollten sie im **zweiten Schritt** klären, ob sie ein gemeinsames Ehegattentestament oder jeweils Einzeltestamente errichten sollten. Ein gemeinsames Ehegattentestament dient in der Regel der wechselseitigen alleinigen Erbeinsetzung der Partner und verweist die Kinder auf den Erbfall nach dem Tod des länger lebenden Ehegatten. Diese erbrechtliche Gestaltung ist häufig gewollt, kann jedoch zu erheblichen Nachteilen führen (zum Beispiel zu doppelter Steuerlast).

Umgekehrt sind Einzeltestamente der Ehepartner mit dem Nachteil verbunden, dass jeder für sich tun und lassen kann, was er (oder sie) will, ohne den anderen Partner zu informieren.

→ Erst im **dritten Schritt** geht es sodann um die konkrete Ausgestaltung eines Testaments oder der Testamente und die glasklare Formulierung der einzelnen testamentarischen Anordnungen.

Expertentipp

Verabschieden Sie sich von der Vorstellung, dass Sie noch auf dem Sterbebett in einer ruhigen Minute mit ein paar Sätzen einen vernünftigen „letzten Willen“ zu Papier bringen können. Selbstgemachte Testamente sind in vielen Fällen ungültig oder führen nicht zu dem Ergebnis, das sich die testierende Person vorgestellt hat.

Oft ist der in letzter Minute verfasste „letzte Wille“ verzerrt durch „letzte Erfahrungen der Pflege und Betreuung“ und führt zur Erbeinsetzung von Personen, die gerade mal sechs Wochen Pflegeleistungen erbracht haben und eine Erbschaft gar nicht annehmen dürfen (Pflegekräfte in einem Heim).

Viele Menschen sind sich nicht über den entscheidenden Unterschied zwischen „Erbschaft“ und „Vermächtnis“ im Klaren und vermachen und vererben in kunterbunter Reihenfolge dieses und jenes. Ein solches Testament kann leicht vor Gericht zu Fall gebracht werden, so dass dann im Endeffekt wieder die gesetzliche Erbfolge gilt.

Vertrauen Sie darauf, dass Sie im Vollbesitz ihrer geistigen und körperlichen Kräfte allein oder zusammen mit Ihrem Partner am besten entscheiden können, wer Sie nach Ihrem Tod beerben soll. Ein versierter Fachanwalt für Erbrecht kann Ehepaare oder einzelne Ehepartner unterstützen, ihren klaren Willen in einem optimalen Testament mit eindeutigen und unanfechtbaren Formulierungen niederzulegen.

Beispiel

Paul Schmidt errichtet zuhause am Küchentisch folgendes

„Testament

Meine Tante Uschi bekommt mein Barvermögen und den Rest mein Onkel Bernd. Die Hundeleine und meinen Goldbarren erbt mein Hund Pfiffi, damit er immer Gassi geführt werden kann und immer was zu fressen hat.“

Paul Schmidt hinterlässt 300 Euro Bargeld, ein Konto mit 100.000 Euro, diversen Hausrat, eine Hundeleine, einen Goldbarren und den Hund Pfiffi. Wenn Herr Schmidt unter „Barvermögen“ nur das Bargeld gemeint hat, dann bekommt Uschi 300 Euro. Wenn er unter „Barvermögen“ auch das Konto verstanden hat, dann bekommt Uschi 100.300 Euro. Der Hund selbst ist keine natürliche oder juristische Person und kann daher nicht als Erbe oder Vermächtnisnehmer eingesetzt werden. Das Testament ist aufgrund der Unklarheit und der Erbeinsetzung eines Hundes ungültig. Wenn eine Person, die nach der gesetzlichen Erbfolge erben würde, dieses Testament vor Gericht angreift, ist die Chance, Recht zu bekommen, sehr hoch.

Gemeinschaftliches Testament

Eheleute können ein so genanntes „gemeinschaftliches Ehegattentestament“ errichten. Der eine Ehepartner schreibt den gemeinsamen letzten Willen eigenhändig auf und versieht das Testament mit Ort und Datum. Anschließend unterschreiben beide Ehepartner das Testament. Auch vor einem Notar können Eheleute ein gemeinsames Testament errichten. Ein gemeinschaftliches Testament kommt insbesondere dann in Frage, wenn die Ehepartner

- ihr Vermögen gemeinsam während der Ehezeit erwirtschaftet haben (Immobilie, Geldanlagen),
- jeweils den anderen (länger lebenden) Partner materiell absichern wollen,
- sich einig sind, dass Kinder oder andere Personen erst nach dem Tod des zuletzt versterbenden Ehepartners erben sollen.

Wenn nur einer der Partner über beachtliches Vermögen verfügt, macht ein Ehegattentestament nicht unbedingt Sinn. Denn der wohlhabende Partner – zum Beispiel eine gut verdienende Unternehmerin – kann den weniger begüterten Partner auch in einem Einzeltestament materiell absichern, braucht aber selbst nicht abgesichert werden.

Expertentipp

Jedes Ehepaar sollte im Zuge der Nachfolgeplanung das Risiko einer Erbengemeinschaft vermeiden, die – wie bereits dargelegt – häufig zu Streit, Erpressung und zu kapitalvernichtenden Zwangsversteigerungen führen kann. Solche unerwünschten Effekte sind mit der Errichtung eines Ehegattentestaments zu vermeiden. In der Regel bietet sich die wechselseitige Einsetzung der Ehegatten als Vollerben an. Schon ein einziger Satz genügt für ein wirksames Ehegattentestament, das eine Erbengemeinschaft ausschließt.

Testierfreiheit prüfen

Bevor die Ehepartner an ein gemeinschaftliches Testament denken, sollten sie prüfen, ob beide noch frei testieren können. Ein Partner, der schon einmal zusammen mit einem anderen, bereits verstorbenen Partner ein Ehegattentestament abgeschlossen hat, ist in der Bestimmung seinen letzten Willens in der Regel nicht mehr frei, es sei denn, in dieses erste Ehegattentestament wurde ausdrücklich eine Klausel aufgenommen, die es dem überlebenden Partner ermöglicht, das Testament abzuändern oder zu widerrufen. Fehlt ein solcher „Änderungsvorbehalt", kann der Partner nicht mehr frei über sein Eigentum verfügen, er ist dann an den zusammen mit dem früheren Ehepartner festgelegten Willen gebunden. In der Regel erben dann die gemeinsamen Kinder aus der früheren Ehe, während eine neue Ehegattin (oder ein neuer Gatte) nicht mehr als Erbin oder Erbe eingesetzt und somit nicht mehr per Testament finanziell abgesichert werden kann.

Beispiel

Anton Kirch ist mit Uschi Kirch verheiratet. Anton war vor seiner zweiten Ehe verwitwet und hat mit seiner verstorbenen Ehefrau ein gemeinschaftliches Testament aufgesetzt, in dem sie sich nach dem Tod des Erstversterbenden gegenseitig als Erben eingesetzt und als Schlusserben ihren gemeinsamen Sohn Dieter bestimmt haben. Anton ist an die Erbeinsetzung zugunsten seines Sohnes Dieter gebunden und kann seine zweite Ehefrau Uschi nicht wirksam als Erbin einsetzen.

Inhalt eines Ehegattentestaments

Sobald klar ist, dass beide Ehepartner noch frei testieren können und zu einem gemeinsamen Testament bereit sind, kommt es darauf an, die einzelnen testamentarischen Bestimmungen festzulegen. Dabei hat sich folgende Reihenfolge etabliert:

- Wer soll im ersten und zweiten Erbfall Erbe werden?
- Wer soll Ersatzerbe werden?
- Wer soll Vermächtnisse erhalten?
- Sind Auflagen zu erfüllen?
- Ist eine Testamentsvollstreckung zur Umsetzung der testamentarischen Anordnungen erforderlich?

Varianten des Ehegattentestaments

Zur materiellen Absicherung der Ehefrau und Kinder kommen folgende Alternativen in Frage:

- Die Einsetzung der Ehefrau als Vollerbin und der Kinder (oder anderer Personen) als Schlusserben.
- Die Einsetzung der Ehefrau als Vorerbin und der Kinder (oder anderer Personen) als Nacherben.

→ Eine dritte Variante besteht in der Einsetzung der Kinder als Erben und der Ehefrau als Vermächtnisnehmerin.

Die Einsetzung der Witwe als Vollerbin, der Kinder als Schlusserben

Die stärkste Rechts- und Versorgungsposition erlangt die Ehefrau, wenn sie von ihrem Ehemann als alleinige Vollerbin eingesetzt wird. Bei dieser Gestaltungsvariante geht das gesamte Vermögen des verstorbenen Ehemannes auf sie selbst über. Allerdings sind mit der Alleinerbenstellung nicht nur Rechte, sondern auch Pflichten verbunden. Die Witwe erbt das „Vermögenspaket" so, wie es bei ihrem verstorbenen Ehemann zuletzt gefüllt war. Dazu können auch Schulden oder sonstige Verbindlichkeiten gehören. Schließlich könnte sie einer Steuer- und Pflichtteilslast ausgesetzt sein. Bei dem Verbrauch des geerbten Vermögens sollte die Witwe daher zunächst ein wenig Zurückhaltung üben, damit für etwaige Schulden und sonstige Verbindlichkeiten ausreichende Mittel zur Verfügung stehen.

Die Einsetzung der Witwe als Vorerbin, der Kinder als Nacherben

Die Anordnung von Vor- und Nacherbschaft kommt immer dann in Frage, wenn ein Erblasser oder eine Erblasserin darauf Wert legt, dass das Vermögen im Wesentlichen erhalten bleibt und eine gewisse Skepsis gegenüber der Bereitschaft und Fähigkeit des unmittelbaren Erben hat, gut zu wirtschaften und die Substanz des Vermögens an die nächste Generation weiterzugeben. Der zunächst eingesetzte Erbe wird „Vorerbe" und erhält das Recht, das ererbte Vermögen zu verwalten und für sich zu nutzen (ein Haus zu bewohnen, ein Mietshaus zu vermieten und den Mietzins zu verwenden, ein Auto zu fahren, die Dividende aus Aktien und die Zinsen aus Sparbüchern auszugeben). Dieses begrenzte Nutzungsrecht endet mit einem von dem Erblasser bestimmten Zeitpunkt oder Ereignis (dem „Nacherbfall"). Das kann der Tod der Witwe oder des Witwers sein, jedoch auch ein anderes Ereignis wie der erfolgreiche Abschluss einer Ausbildung des vorgesehenen Nacherben. Die Erbschaft geht mit dem Eintritt des Nacherbfalls auf den „Nacherben" über.

Als Vorerbin wird die Witwe Erbin ihres verstorbenen Ehemannes und damit Inhaberin aller zum Nachlass gehörenden Vermögensgegenstände und -werte. Das Eigentum und der Besitz des verstorbenen Ehemannes gehen auf die Witwe über. Sie ist berechtigt, die Erbschaft zu nutzen. Grundsätzlich hat sie aber darauf zu achten, dass die Erbschaft in der Substanz für die Nacherben erhalten bleibt. Daher ist die Witwe als Vorerbin im Umgang mit dem Nachlass nicht ganz frei:

- Sie muss den Nachlass für die Nacherben vielmehr ordnungsgemäß verwalten.
- Die Witwe darf als Vorerbin grundsätzlich keine Schenkungen aus dem Nachlass vornehmen. Sie darf auch nicht über Grundstücke und grundstücksgleiche Rechte wie zum Beispiel Grundschulden verfügen. Ausgenommen sind lediglich solche Schenkungen, die einer sittlichen Pflicht oder mit Rücksicht auf den Anstand vorgenommen werden. Dazu gehören zum Beispiel angemessene Weihnachts- oder Geburtstagsgeschenke.
- Auf Verlangen der Nacherben muss die Witwe als Vorerbin ein vollständiges Verzeichnis über die gesamte Erbschaft vorlegen. Die Nacherben können sogar eine notarielle Aufnahme des Nachlassbestandes fordern. Wenn berechtigte Zweifel daran bestehen, dass die Auskünfte vollständig und richtig sind, können die Nacherben von der Witwe als Vorerbin die Abgabe einer eidesstattlichen Versicherung fordern. Sollte sich herausstellen, dass die Witwe bei den Angaben zu der Erbschaft unvollständige Angaben gemacht hat, obwohl sie zu korrekten Aussagen in der Lage gewesen wäre, droht ihr ein strafrechtliches Ermittlungsverfahren wegen der Abgabe einer falschen eidesstattlichen Versicherung.
- Im Zweifel gehört das Guthaben auf einem gemeinsamen Konto den Eheleuten je zur Hälfte. Der Anteil ihres verstorbenen Ehemannes unterliegt der Vor- und Nacherbschaft und muss von ihr gesondert angelegt werden. Sie kann über das gemeinsame Konto zu eigenen Zwecken daher nicht vollkommen frei verfügen. Die Zinsen und sonstigen Erträge (zum Beispiel Mieteinnahmen) stehen der Witwe als Vorerbin alleine zu. Damit kann sie machen, was sie möchte.

→ Selbst wenn die Witwe hälftige Miteigentümerin des gemeinsam bewohnten Hauses war, unterliegt der Miteigentumsanteil ihres verstorbenen Ehemannes der Vor- und Nacherbschaft. Über den Miteigentumsanteil des Verstorbenen darf sie grundsätzlich nicht verfügen. Daher kann die Witwe das gemeinsame Hausgrundstück ohne Zustimmung der Nacherben nicht verkaufen. Sie kann lediglich über ihre eigene Miteigentumshälfte frei verfügen, was in der Praxis allerdings wenig hilfreich ist.

Beispiel

Der aus einfachen Verhältnissen stammende Bankdirektor Albert Kirch, dem seine alleinerziehende Mutter das Sparen und Haushalten in zahllosen Alltagssituationen gründlich beigebracht hat, weiß, dass seine Ehefrau Helena, Tochter eines neureichen Immobilienmaklers, nicht mit Geld umgehen kann, da sie in ihrer Herkunftsfamilie die Fähigkeit erworben hat, große Geldbeträge hemmungslos zum Fenster hinauszuwerfen. Als Albert Kirch erfährt, dass er unheilbar erkrankt ist, setzt er seine Ehefrau als Erbin ein. Um jedoch die rasche Vernichtung des Vermögens zu unterbinden, setzt der Bankdirektor seine Frau als Vorerbin und seine Kinder als Nacherben ein. Nach seinem Tod kann Helena die ererbte Villa nutzen und hier sogar mit einem neuen Partner leben. Sie kann nicht nur von ihrer Witwenrente leben, sondern auch von Kapitalerträgen aus einem Mietshaus, Aktiendepots und Festgeldanlagen. Doch sie kann weder die Villa verkaufen, noch das Mietshaus versilbern, noch die Aktiendepots und die Festgeldanlagen plündern. Zudem kann sie ihren neuen Partner nicht mit dem Vermögen ihres verstorbenen Ehemannes absichern. Nach ihrem Tod geht das gesamte Vermögen auf die als Nacherben bestimmten Kinder über. Die Kinder von Albert und Helena können sodann über die Erbschaft frei verfügen, Häuser verkaufen, Aktiendepots liquidieren, Festgeldkonten auflösen, Geldbeträge nach Erbquoten verteilen und sich ganz – anders als ihre Mutter – ohne Beschränkungen am ererbten Vermögen erfreuen.

Die Einsetzung der Kinder als Miterben, der Ehefrau als Vermächtnisnehmerin

Mit einer Erbeinsetzung geht das gesamte Vermögen kraft Gesetzes als Ganzes auf den oder die Erben über. Mit einem Vermächtnis kann man einer Person aus dem eigenen Vermögen einen einzelnen Gegenstand oder einen sonstigen Vermögensvorteil zuwenden, ohne ihn als Erben einzusetzen. Es kann gewünscht sein, dass die Kinder und nicht die Ehefrau als Erben eingesetzt werden und die Witwe lediglich ein Vermächtnis erhält. Zur wirtschaftlichen Absicherung der Ehefrau stehen verschiedene Gestaltungsmöglichkeiten zur Verfügung:

Wohnungsrechtsvermächtnis

Mit einem Wohnungsrechtsvermächtnis kann der Witwe ein zeitlich befristetes oder lebenslanges dingliches Wohnrecht an einer Wohnung zugewandt werden. Damit ist die Witwe mit Wohnraum versorgt und muss keine Miete zahlen. Es ist allerdings zu beachten, dass das Wohnungsrecht grundsätzlich nur von der berechtigten Person selbst wahrgenommen werden darf. Eine Vermietung der Wohnung etwa an andere Personen scheidet regelmäßig aus. Insofern bietet dieses Recht der Witwe nur eine fragwürdige Sicherheit. Ist sie darauf angewiesen, den Wohnort zu wechseln (um die Unterstützung eines Kindes zu erhalten) oder zur kontinuierlichen ärztlichen Betreuung in eine Stadt zu ziehen, hilft ihr das Wohnrecht an einem bestimmten Ort nicht weiter.

Formulierungsbeispiel

Testament

Hiermit errichte ich, Paul König, mein Testament und setzte meinen Sohn Max als alleinigen Vollerben ein. Meine Ehefrau erhält im Wege des Vermächtnisses ein lebenslanges unentgeltliches dingliches Wohnungsrecht an der Erdgeschosswohnung meines Zweifamilienhauses in der Hegelstraße in Magdeburg. Sie hat das Recht zur Mitbenutzung der gemeinschaftlichen Anlagen, insbesondere des Gartens und der Kellerräume. Sie hat alle Nebenkosten der Wohnung einschließlich etwaiger Schönheitsreparaturen zu tragen. Alle anderen Kosten, insbesondere für die Instandhaltung und Pflege des Gebäudes, trägt der Eigentümer.

Ort, Datum, Paul König

Nießbrauchsvermächtnis

Die wirtschaftliche Versorgung der Witwe kann nicht nur durch ein Wohnrecht, sondern auch durch ein so genanntes Nießbrauchsvermächtnis sichergestellt werden. Bei einem Nießbrauch handelt es sich um ein unvererbliches und unübertragbares dingliches Recht, einen Gegenstand in Besitz zu nehmen, zu verwalten, zu bewirtschaften und daraus Nutzungen zu ziehen.

Beispiel

Ehemann Robert Ziebland hat ein großes Mehrfamilienhaus und erzielt jährlich durch die Mieteinnahmen einen Reinertrag in Höhe von 60.000 Euro. In seinem Testament setzt er den gemeinsamen Sohn als Alleinerben ein. Die Ehefrau Erika erhält als Vermächtnis den Nießbrauch an dem Mehrfamilienhaus und damit den Reinertrag aus den Mieteinnahmen in Höhe von 60.000 Euro jährlich (der aufgrund von Mietrückständen, Reparaturen und Leerständen auch deutlich geringer sein kann). Erbrechtlich spielt das große Mehrfamilienhaus beim Tod der nießbrauchsberechtigten Ehefrau Erika keine Rolle mehr. So können die Kinder von Erika aus erster Ehe keine Ansprüche auf das Mietshaus erheben. Die Anordnung in einem Testament könnte wie folgt aussehen:

Formulierungsbeispiel

Testament

Hiermit errichte ich, Robert Ziebland, mein Testament und setzte meinen Sohn Max als alleinigen Vollerben ein. Meine Ehefrau erhält im Wege des Vermächtnisses einen lebenslangen unentgeltlichen Nießbrauch an meinem Mehrfamilienhaus in der Jahnstraße in Regensburg. Sie trägt wie der Eigentümer alle Lasten des Grundstückes, auch die Kosten außergewöhnlicher Ausbesserungen und Erneuerungen. Der Erbe ist verpflichtet, die Belastung des Vermächtnisgegenstandes mit Grundpfandrechten in Höhe bis zu 200.000 Euro mit beliebig hohen Zinsen und beliebig hohen Nebenleistungen zu bewilligen und die erforderlichen dinglichen Sicherungserklärungen abzugeben. Der Vermächtnisgegenstand darf nur belastet werden, um außergewöhnliche Ausbesserungen und Erneuerungen für den Vermächtnisgegenstand zu finanzieren. Der Erbe ist zu einer persönlichen Haftungsübernahme nicht verpflichtet.

Ort, Datum, Robert Ziebland

Rentenvermächtnis

Eine laufende Versorgung der Witwe ist auch mit einem „Rentenvermächtnis“ möglich. Der Ehemann gewährt seiner Ehefrau monatlich wiederkehrende Leistungen in Geld auf Lebenszeit, sprich eine „Leibrente“.

Formulierungsbeispiel

Testament

Hiermit errichte ich, Paul König, mein Testament und setze meinen Sohn Max als alleinigen Vollerben ein. Meine Ehefrau erhält im Wege des Vermächtnisses eine lebenslange monatliche Leibrente in Höhe von monatlich 1.000 Euro, beginnend am Ersten des auf meinen Tod folgenden Monats. Die Höhe der ausgesetzten Rente ist gemäß dem Preisindex des Statistischen Bundesamtes für Lebenshaltung aller Privathaushalte anzupassen. Von der Anpassung sind die im Zeitraum bis zu meinem Ableben,

also auch die danach eintretenden Veränderungen betroffen. Der Preisindex beträgt gegenwärtig 108,2 (2005 = 100). Anpassungen sollen aber jeweils nur dann erfolgen, wenn die Änderung mehr als 10 Prozent der jeweils letzten Höhe beträgt.
Meine Frau kann die Sicherstellung der Rentenzahlungsverpflichtung durch Eintragung einer Reallast zulasten meines Grundstücks in der Langen Straße in Wiesbaden verlangen.

Ort, Datum Paul König

Vermächtnis und Pflichtteilsanspruch

Sollte der Wert des Vermächtnisses den Wert des Pflichtteils nicht erreichen, hat die Witwe einen Anspruch auf den so genannten Restpflichtteil. Sie ist also grundsätzlich immer bis zur Höhe ihres Pflichtteilsanspruches versorgt. Wenn die Eheleute in dem gesetzlichen Güterstand der Zugewinngemeinschaft lebten, wird dabei sogar von dem so genannten großen Pflichtteil ausgegangen. Der beträgt ein Viertel, weil die Witwe einen Anspruch auf die halbe Erbschaft hat, bestehend aus dem gesetzlichen Erbteil von einem Viertel und dem pauschalen Zugewinnausgleich von einem Viertel.

Expertentipp

Die Witwe sollte sich sehr gut überlegen, ob sie aus Enttäuschung über eine nicht erfolgte Erbeinsetzung ein zu ihren Gunsten angeordnetes Vermächtnis ausschlägt. Mit der Anordnung eines Vermächtnisses muss nicht zwingend eine wirtschaftliche Schlechterstellung im Vergleich zur Erbenstellung verbunden sein. In der Regel ist es allerdings schwierig, die wirtschaftlichen Vor- und Nachteile testamentarischer Anordnungen zu überblicken. Daher sollte man sich auf jeden Fall frühzeitig von einem auf das Erbrecht spezialisierten Rechtsanwalt beraten lassen.

Ausschlagung eines Vermächtnisses

Kein Erblasser kann sich darauf verlassen, dass ein Testament nach seinem Tod dem Wortlaut nach umgesetzt wird. Eine Witwe (oder ein Witwer) kann ein Vermächtnis genauso ausschlagen wie eine Erbschaft. Der überlebende Partner geht in diesem Fall nicht leer aus, sondern kann – wenn die Eheleute im gesetzlichen Güterstand der Zugewinngemeinschaft gelebt haben – wie bei einer Scheidung einen Anspruch auf den konkreten Zugewinnausgleich und einen Pflichtteilsanspruch in Höhe von 1/8 geltend machen.

Expertentipp

Die als Vermächtnisnehmerin eingesetzte Ehefrau kann nach dem Versterben ihres Ehemannes eine wirtschaftliche Berechnung vornehmen, um zu klären, ob sie sich mit der Annahme des Vermächtnisses besser stellt als mit der Ausschlagung und den damit verbundenen Ansprüchen auf den konkreten Zugewinnausgleich und den Pflichtteil.

Die Ausschlagung eines Vermächtnisses hat durch Erklärung gegenüber dem „Beschwerten" zu erfolgen. Das ist in der Regel der Erbe. Die Erklärung ist formfrei und grundsätzlich unbefristet möglich, kann durch einfachen Brief, mündliche Erklärung oder sonstiges Verhalten zum Ausdruck gebracht werden. Das gilt auch für die Annahme eines Vermächtnisses. In der Entgegennahme des Vermächtnisgegenstandes ist die Annahme des Vermächtnisses zu sehen. Eine Ausschlagung ist dann nicht mehr möglich. Ein angenommenes Vermächtnis kann nicht mehr ausgeschlagen werden.

Pflichtteilsansprüche der Kinder beachten

Die Kinder des verstorbenen Ehemannes haben eine garantierte Mindestbeteiligung am Nachlass ihres Vaters, den so genannten Pflichtteilsanspruch.

Der Pflichtteilsanspruch beträgt immer die Hälfte des gesetzlichen Erbteils. Der gesetzliche Erbteil der Kinder richtet sich nach dem Güterstand, in dem die Witwe mit ihrem verstorbenen Ehemann zuletzt gelebt hat, und der Anzahl der Kinder, die der verstorbene Ehemann hinterlassen hat. Es ist zunächst der gesetzliche Erbteil der Witwe zu ermitteln. Zur Ermittlung des Pflichtteilsanspruchs wird das restliche Erbe durch zwei geteilt. Das Ergebnis ist dann noch durch die Zahl der pflichtteilsberechtigten Personen zu teilen.

Güterstand	Pflichtteil des Ehegatten neben Abkömmlingen			Pflichtteil je Kind, falls Erblasser verheiratet war		
				Anzahl der hinterlassenen Kinder		
				1	2	3
Zugewinngemeinschaft (erbrechtliche Lösung)	¼ (großer Pflichtteil)			¼	1/8	1/12
Zugewinngemeinschaft (güterrechtliche Lösung)	1/8 (kleiner Pflichtteil)			3/8	3/16	1/8
Gütertrennung	1 Kind ¼	2 Kinder 1/6	3 u. mehr Kinder 1/8	¼	1/6	1/8
Gütergemeinschaft	1/8			3/8	3/16	1/8

Beispiel

Eine Witwe hat mit ihrem verstorbenen Ehemann im gesetzlichen Güterstand der Zugewinngemeinschaft gelebt. Sie wird nach dem Tod des Ehemannes testamentarische Alleinerbin. Der Ehemann hat auch zwei Kinder aus zwei früheren Partnerschaften hinterlassen. Der pflichtteilsrelevante Nachlass hat einen Wert von 480.000 Euro.

Der gesetzliche Erbteil der Witwe beträgt 1/2, so dass der gesetzliche Erbteil der Kinder jeweils 1/4 beträgt. Die Pflichtteilsquote lautet damit jeweils 1/8. Die Kinder können von der Witwe demnach jeweils 1/8 aus dem Bestand des Nachlasses beanspruchen, also jeweils 60.000 Euro, insgesamt 120.000 Euro.

Auskunft zum pflichtteilsrelevanten Nachlass

Wie erfährt eine pflichtteilsberechtigte Person überhaupt, was alles zum Bestand des Nachlasses gehört? Eine Witwe muss als Erbin den pflichtteilsberechtigten Personen auf Verlangen Auskunft zum Bestand des Nachlasses erteilen, und zwar durch Vorlage eines systematischen Verzeichnisses. Schon wenige Tage nach der Beerdigung des Ehemannes kann es sein, dass die Witwe einen formal freundlichen, in der Sache aber knallharten Brief („Einschreiben/Rückschein") eines Anwalts erhält, der im Auftrag seiner Mandanten – häufig irgendwelche Verwandten – Auskünfte zum Nachlass fordert und nicht mit ruppigen Forderungen, Drohungen, Konsequenzen und Rechtsinformationen hinterm Berg hält. Um auf solche Briefe sachlich und juristisch korrekt antworten zu können, kann die Witwe sich ebenfalls von einem Anwalt – am besten einem Fachanwalt für Erbrecht – vertreten lassen. Der Fachanwalt kennt sich in der erbrechtlichen Materie wesentlich besser aus als ein einfacher Anwalt und kann dessen unberechtigte Forderungen sofort fachlich korrekt zurückweisen.

Tatsächlich ist die Witwe verpflichtet, ein vollständiges Verzeichnis der Nachlassgegenstände (auch Geldbeträge, Aktien) und aller während der Ehezeit an sie selbst und andere Personen geleisteten unentgeltlichen Zuwendungen anzugeben. Die Witwe kann sich nicht darauf zurückziehen, dass sie von Schenkungen des Ehegatten nichts wisse. Sofern es Anhaltspunkte für etwaige unentgeltliche Zuwendungen des Erblassers gibt, muss sie diesen nachgehen. Dabei können die Hinweise auch von einer pflichtteilsberechtigten Person selbst kommen. Die Erkenntnisquellen sind sehr vielfältig. Die Witwe kann sich zum Beispiel im Verwandten- und Freundeskreis erkundigen. Anhaltspunkte können sich auch aus den Umsätzen auf den Konten des Erblassers ergeben.

Eine pflichtteilsberechtigte Person kann neben der privaten Auskunft auch die notarielle Aufnahme des Nachlassbestandes auf Kosten des Nachlasses fordern. In diesem Fall wird ein Notar den Bestand des Nachlasses – unter Mitwirkung des Erben – ermitteln. Ein Notar ist zumindest verpflichtet, so genannte Eigenermittlungen anzustellen und nicht lediglich auf Zuruf des Erben zu handeln.

Experten-
tipp

In der Praxis ist zu beobachten, dass die Erben gerade zu den Schenkungen des Erblassers keine vollständigen Angaben machen. Dabei ist allerdings ein mögliches Entdeckungsrisiko zu beachten, das im Einzelfall recht hoch sein kann. Vor allem aber kann ein derartiges Vorgehen auch strafbar sein. Schließlich ist eine pflichtteilsberechtigte Person bei der Berechnung ihres Anspruches auf die Auskünfte der Erbin angewiesen. Sie hat grundsätzlich keine anderen Möglichkeiten, sich einen Überblick über den maßgeblichen Bestand des Nachlasses zu beschaffen. Schließlich ist sie gerade kein Erbe geworden und bekommt etwa bei Kreditinstituten keine Auskünfte zu dem Konten des Erblassers. Wer eine pflichtteilsberechtigte Person über maßgebliche Tatsachen im Unklaren lässt, um im Ergebnis weniger zahlen zu müssen, bewegt sich im Bereich des versuchten Betrugs.

Eidesstattliche Versicherung

Wenn die Auskunft erteilt ist und begründete Zweifel an der Richtigkeit und Vollständigkeit bestehen, kann eine pflichtteilsberechtigte Person von der Witwe die Abgabe einer eidesstattlichen Versicherung verlangen. Sollte die eidesstattliche Versicherung falsch sein, weil die versicherten Auskünfte nicht richtig oder vollständig sind, bewegt sich die Witwe im strafrechtlich relevanten Bereich der vorsätzlichen oder fahrlässig falsch abgegebenen eidesstattlichen Versicherung. Die Witwe sollte vor der Abgabe der eidesstattlichen Versicherung die erteilten Auskünfte noch einmal überdenken und gegebenenfalls korrigieren.

Bewertung des Nachlasses

Nach der Erteilung der Auskunft stellt sich die Frage, was die einzelnen Nachlassgegenstände wert sind. Eine pflichtteilsberechtigte Person hat einen Anspruch auf Ermittlung der Werte auf Kosten des Nachlasses. Das erfolgt in der Regel durch die Einholung und Vorlage von Sachverständigengutachten.

Schließlich muss auch jede pflichtteilsberechtigte Person erklären, ob sie von dem Erblasser selbst unentgeltliche Zuwendungen erhalten hat. Es kann sein, dass sie sich einzelne Zuwendungen auf ihren eigenen Pflichtteilsanspruch anrechnen lassen muss, und zwar unabhängig vom Zeitpunkt der Zuwendung. Dabei kommen anrechnungs-, ausgleichungs- und ergänzungspflichtige Zuwendungen in Betracht. Die Witwe hat hierzu einen eigenen Auskunftsanspruch gegenüber den Pflichtteilsberechtigten (systematische Aufstellung zu allen erhaltenen unentgeltlichen Zuwendungen). Ob und in welchem Umfang einzelne Zuwendungen sodann zur Verkürzung des Pflichtteilsanspruches führen, ist eine Frage des Einzelfalls.

Pflichtteil als Geldforderung

In der letzten Stufe wird der Pflichtteilsanspruch beziffert und ist am Ende als Geldsumme aus dem Nachlass zu zahlen. Ein Pflichtteilsberechtigter kann anstelle von Geld Sachleistungen akzeptieren, muss das jedoch nicht tun.

Begrenzung des Pflichtteilsrisikos

Pflichtteilsansprüche können eine Witwe, die als Vollerbin eingesetzt wurde, in große Schwierigkeiten bringen. Ein geltend gemachter Pflichtteilsanspruch ist in Geld sofort auszuzahlen. Wenn die Erbschaft hauptsächlich aus einer Immobilie (eigenes Einfamilienhaus, selbstgenutzte Eigentumswohnung) besteht, verfügt die Witwe oft nicht über die Barmittel, um sofort Pflichtteilsansprüche zu befriedigen. Sie muss dann möglicherweise unter Zeitnot und zu einem sehr ungünstigen Zeitpunkt die zur Alterssicherung gemeinsam mit dem Ehegatten angeschaffte Immobilie weit unter Wert veräußern. Um dies zu vermeiden, bieten sich verschiedene Strategien an.

Pflichtteilsverzicht gegen Abfindung

Strategie Nr. 1 ist der „Pflichtteilsverzicht gegen Abfindung". Die Ehepartner vereinbaren schon zu Lebzeiten mit einer pflichtteilsberechtigten Person in einem Vertrag, dass sie – nicht erst nach einem Todesfall, sondern nach Abschluss des Vertrages – eine bestimmte Geldsumme erhält, wenn sie auf sämtliche Pflichtteilsansprüche verzichtet. Günstiger Nebeneffekt: Der Spatz in der Hand ist einem Pflichtteilsberechtigten oft mehr wert als die Taube auf dem Dach, eine relativ niedrige Geldleistung sofort interessanter als ein unsicherer Pflichtteilsanspruch nach einem Todesfall irgendwann, dessen Gegenwert dann längst verprasst oder in Pflegeleistungen ausgegeben sein kann!

Pflichtteilsstrafklausel

Um gemeinsamen Kindern die Idee auszutreiben, schon beim ersten Erbfall den Pflichtteil zu fordern, bietet es sich an, „Pflichtteilsstrafklauseln" in das Testament aufzunehmen, sprich die Enterbung für den zweiten Erbfall (nach dem Tod des länger lebenden Ehepartners).

Formulierungsbeispiel

Testament

Hiermit errichten wir, die Eheleute Paula und Paul König, unser Testament und setzen uns gegenseitig zu alleinigen Vollerben ein. Als Schlusserben bestimmen wir unsere gemeinsamen Kinder Martina und Klaus. Sollte einer der Schlusserben nach dem Tod des Erstversterbenden gegen dessen Willen seinen Pflichtteilsanspruch geltend machen, ist er mit seinem ganzen Stamm von der gesetzlichen Schlusserbfolge ausgeschlossen.

Ort, Datum, Paula und Paul König

Ein hundertprozentiger Ausschluss von Pflichtteilsforderungen ist mit einer Pflichtteilsstrafklausel nicht möglich. Es kann sein, dass ein Kind in materieller Not zum letzten Strohhalm greift und die Enterbung in Kauf nimmt. Vor allem bei Patchwork-Verhältnissen kommt es vor, dass Kinder aus früheren Beziehungen den Pflichtteil fordern und sich nicht mit unsicheren Aussichten auf eine Erbschaft nach dem Tod eines Elternteils oder eines Stiefelternteils abspeisen lassen. Materiell gesicherte Kinder, die den Willen ihrer Eltern zu respektieren wissen, werden sich dagegen nicht mit voreiligen Pflichtteilsansprüchen die Aussicht auf eine deutlich höhere Erbschaft nehmen. Sicherheit bringt nur ein notariell beurkundeter Vertrag zu Lebzeiten, in dem die

Pflichtteilsberechtigten auf ihren Pflichtteil nach dem Tod des Erstversterbenden verzichten.

Experten-tipp

Es sollte unbedingt genau geregelt werden, ab wann die Strafklausel greifen soll. Der erstmögliche Zeitpunkt ist, wenn das Kind Auskunft darüber verlangt, woraus das Erbe überhaupt besteht. Der späteste Zeitpunkt ist, wenn das Kind seinen Pflichtteil verlangt und erhält.

Schenkung mit Anrechnungsbestimmung

Freiwillige Zuwendungen an das Kind schon zu Lebzeiten reduzieren den Pflichtteil, sofern bei der Zuwendung beweisbar angeordnet ist, dass das Kind sich die Zuwendung auf den Pflichtteil anrechnen lassen muss und das Kind beweisbar diese Anordnung zur Kenntnis genommen hat. Denn das Kind muss laut Gesetzgeber die Möglichkeit haben, die Zuwendung zurückzugeben, wenn es die Anrechnung nicht will. Wenn Sie Ihrem Kind also etwas schenken, was nicht nur ein typisches Geburtstagsgeschenk ist, sollten Sie sich immer unterschreiben lassen, dass das Geschenk auf den Pflichtteil angerechnet wird.

Experten-tipp

Konsequent jahrelang durchgeführt, kann selbst durch kleinere Schenkungen der Pflichtteil reduziert werden. Es ist sogar möglich, dass eine Anrechnungsbestimmung im Voraus für künftige Zuwendungen getroffen wird. Eine nachträgliche formlose Anrechnung einer Zuwendung auf den Pflichtteil ist nicht möglich.

Pflichtteil rechtzeitig ansparen

Die andere Strategie besteht darin, dafür zu sorgen, dass der länger lebende Ehegatte nach dem Todesfall über genügend Barmittel (Festgeldanlagen, Lebensversicherung) verfügt, um sämtliche Pflichtteilsansprüche sofort zu befriedigen.

Abschluss einer Lebensversicherung

Wenn feststeht, dass ein Pflichtteil ausgezahlt werden muss, empfiehlt es sich dringend, für liquide Mittel zu sorgen. Dies kann durch Sparguthaben, Wertpapiere oder Abschluss eines Lebensversicherungsvertrages erfolgen. Der Erblasser kann zum Beispiel eine preisgünstige (nicht kapitalbildende) Risikolebensversicherung abschließen und den späteren Erben als Bezugsberechtigten einsetzen. Wenn dieser selbst Versicherungsnehmer ist und die Beiträge bezahlt, fallen noch nicht einmal die Prämienzahlungen in den Pflichtteilsergänzungsanspruch.

Expertentipp

Eine vom Erblasser abgeschlossene Lebensversicherung wird im Erbfall an den im Versicherungsvertrag genannten Bezugsberechtigten ausbezahlt. Die Auszahlungssumme fällt dann nicht in den Nachlass, sondern direkt an die Bezugsberechtigte. Fehlt es dagegen an einer Benennung eines Bezugsberechtigten oder wurde diese vor dem Erbfall widerrufen, steht die Versicherungssumme den Erben zu.

Bindungswirkung klären

Solange beide Ehepartner leben, können sie das gemeinschaftliche Testament jederzeit widerrufen (etwa durch Vernichtung). Auch ein einzelner Partner kann widerrufen. Allerdings muss der Widerruf in diesem Fall notariell beurkundet werden. Der Widerruf wird erst wirksam, wenn das notariell beurkundete Dokument dem anderen Ehegatten zugegangen ist.

Expertentipp

Die Eheleute sollten ein gemeinschaftliches Testament errichten, damit sie jeweils mitbekommen, wenn einer der Ehepartner seinen Willen ändern möchte. Die notariell beurkundete Erklärung über den Widerruf eines gemeinschaftlichen Testaments sollte dem anderen Ehepartner über den Gerichtsvollzieher zugestellt werden. Der widerrufende Partner erhält auf diese Weise einen amtlichen Nachweis über die Wirksamkeit des Widerrufs.

Grundsätzlich sind gemeinschaftliche Testamente bindend und können nach dem Versterben eines Ehepartners nicht mehr geändert werden. Es ist aber möglich, in das Testament einen Änderungsvorbehalt aufzunehmen. Der Änderungsvorbehalt kann allumfassend sein oder auf einzelne Regelungen begrenzt werden.

Formulierungsbeispiel

Testament

Hiermit errichten wir, die Eheleute Paul und Paula König, unser gemeinschaftliches Testament und setzen uns wechselseitig zu unseren alleinigen Vollerben ein. Schlusserben sollen unsere Kinder Max und Moritz zu gleichen Teilen sein. Der Überlebende von uns ist berechtigt, die Schlusserbeinsetzung nach dem Tod des Erstversterbenden zu ändern wie folgt: Er hat das Recht, die Erbquoten unserer Kinder neu zu bestimmen.

Ort, Datum, Paul und Paula König

Ehegattentestament und Scheidung

Grundsätzlich werden gemeinschaftliche Testamente mit der Ehescheidung unwirksam. Etwas anderes gilt dann, wenn sich aus dem Inhalt ein „Fortgeltungswille“ oder „Aufrechterhaltungswille“ ableiten lässt. Das ist in der Praxis eher die Ausnahme, kann aber nicht von vornherein ausgeschlossen werden. Soweit ein Fortgeltungswille angenommen werden kann, bleiben die geschiedenen Ehepartner an das gemeinschaftliche Testament trotz Ehescheidung gebunden.

Expertentipp

Auch für den Fall der Ehescheidung sollten gemeinschaftliche Testamente rein vorsorglich mit notariell beurkundeter Erklärung gegenüber dem anderen Ehepartner widerrufen werden. Sollte die frühere Ehe durch das Versterben eines Ehepartners beendet worden sein, bleibt ein mit dem verstorbenen Ehepartner errichtetes gemeinschaftliches Testament wirksam und sollte vor der Errichtung eines gemeinschaftlichen Testaments mit dem neuen Ehepartner auf eine möglicherweise eingetretene Bindungswirkung geprüft werden.

Absicherung der Ehefrau mittels Schenkung

Es kommt häufig vor, dass ein Ehepartner, der aufgrund von Erkrankung damit rechnet, zuerst zu versterben, dem anderen eine Eigentumswohnung oder seinen Miteigentumsanteil an einem gemeinsam gekauften und bewohnten Hausgrundstück überträgt. Auch höhere Geldbeträge, Aktien und andere Wertgegenstände wechseln häufig in den letzten Jahren vor einem Todesfall den Eigentümer. Ziel solcher Eigentumsübertragungen zwischen Ehegatten ist oft, das hinterlassene Vermögen zu reduzieren und den Pflichtteilsanspruch der per Testament enterbten Kinder – zum Beispiel aus einer früheren Beziehung – zu minimieren. Doch dieses Kalkül, das meist der Witwe helfen soll, geht nicht auf.

Sämtliche Schenkungen unter Ehegatten während der gesamten Dauer der Ehe werden bei der Berechnung des Pflichtteils berücksichtigt. Allerdings sind häufig nur Immobilienübertragungen anhand des notariellen Vertrages und Geldschenkungen in den letzten zehn Jahren über Bankbelege nachweisbar. Nicht nachweisbar sind dagegen Schenkungen per Geldkuvert. Eine Witwe ist aber nicht nur gegenüber anderen Erben – meist ihren Kindern – sowie pflichtteilsberechtigten Personen zu wahren Aussagen über den Bestand des Vermögens zum Zeitpunkt des Erbfalls und zu Schenkungen während der Ehezeit verpflichtet. Insofern sind Schenkungen kein geeignetes Mittel, um Pflichtteilsansprüche zu reduzieren. Auf jeden Fall sollten sich Eheleute Notar- und Grundbuchkosten zur Übertragung von Immobilien sparen. Das Ziel, den Pflichtteil per Schenkung zu reduzieren, lässt sich damit nicht erreichen, da es zu einem Notarvertrag führt, der sich nicht verheimlichen lässt.

Schenkung unter Wohnrechtsvorbehalt

Schenkungen an andere Personen als den Ehegatten werden bei der Berechnung des Nachlasses und damit bei der Berechnung des Pflichtteils nur dann berücksichtigt, wenn sie innerhalb einer Frist von zehn Jahren vor dem Todesfall zustande kamen. Während der Zehnjahresfrist schmilzt pro Jahr der Anteil der Schenkung, der zu berücksichtigen ist, um zehn Prozent ab. Eine Schenkung kurz vor dem Todesfall wird zu 100 Prozent berücksichtigt, verstirbt der Erblasser fünf Jahre nach der Schenkung sind 50 Prozent zu berechnen, zehn Jahre danach ist der anzusetzende Betrag komplett abgeschmolzen.

In diesem Zusammenhang ist jedoch eine Besonderheit zu beachten, die vielen pflichtteilsberechtigten Personen in die Hände spielt. Bei der Übertragung eines Hauses per Schenkung, die unter dem Vorbehalt des Wohnrechts oder Nießbrauchs erfolgt, wird zwar ein Sohn, eine Tochter oder eine andere Person als Eigentümer im Grundbuch eingetragen. Der neue Eigentümer kann aber faktisch sehr wenig mit dem Haus anfangen. Schließlich können die Eltern das Haus aufgrund des Wohnrechts oder Nießbrauchsrechts unter Ausschluss des Eigentümers weiterhin alleine nutzen. Der Sohn hat keinen Anspruch darauf, dass die Eltern ausziehen und er das Haus für eigene Wohnzwecke oder zur Vermietung nutzen kann. Daher gilt in solchen Fällen die Schenkung als nicht angekommen, und daher beginnt auch die Zehnjahresfrist nicht zu laufen. Das Wohnrecht endet in der Regel erst, wenn die Eltern verstorben sind. Bei der Berechnung eines Pflichtteilsanspruchs ist somit auch die in grauer Vorzeit verschenkte und mit einem Wohnrecht belastete Immobilie zu berücksichtigen.

Zu vermeiden ist dieser Effekt nur dadurch, dass Gegenleistungen vereinbart werden und ein etwaiger Schenkungscharakter von vornherein vermieden wird. Als Gegenleistungen können zum Beispiel die Verpflichtung zur Pflege der Eltern oder zur Übernahme von Kosten zur Instandsetzung, Erhaltung oder Modernisierung der Immobilie über das übliche Maß hinaus vereinbart werden. Vielfach erfolgt die Übertragung auch als Abgeltung für etwaigen von dem Übernehmer in der Vergangenheit bereits erbrachten Pflegeaufwand oder von ihm getragene Kosten für die Instandsetzung, den Erhalt oder die Modernisierung des Hauses. Allerdings sollten alle Umstände und Gegenleistungen in dem Übertragungsvertrag genau beschrieben werden. Anderenfalls besteht die Gefahr, dass die Gegenleistungen im Ergebnis rechtlich nicht anerkannt werden.

Expertentipp

Bei einem Vermögenstransfer schon zu Lebzeiten sollte man die erbrechtlichen Konsequenzen in allen Facetten beachten, um das gewünschte Ziel – Absicherung der Ehefrau, Vermeidung von Pflichtteilszahlungen – tatsächlich zu erreichen. Bei der Übertragung des selbst genutzten Eigenheims per Schenkung ist große Vorsicht geboten. Das stärkste Recht ist das Eigentum, und das sollte man an der selbst genutzten Immobilie nicht ohne Not aufgeben, obwohl es grundsätzlich möglich ist, sich durch eine Vielzahl an Rechten sehr weitgehend abzusichern.

Versorgung durch Lebensversicherung

Ist der Abschluss einer Lebensversicherung zugunsten einer Ehefrau eine taugliche Methode zur finanziellen Absicherung nach dem Tod des Ehemannes? Lässt sich damit der Anspruch von Miterben und Pflichtteilsberechtigten auf ihren Erbteil oder Pflichtteil verringern? Antwort: Es kommt darauf an, was genau vertraglich vereinbart wurde und welche Bezugsberechtigung besteht!

Leistungen aus einer Lebensversicherung gehören nach dem Tod des Versicherungsnehmers zum Bestand des Nachlasses, und zwar in Höhe der gesamten Versicherungssumme. Personen, die neben der Ehefrau erben, und Pflichtteilsberechtigte können sich freuen, wenn sich im Nachlass eine Lebensversicherung mit einer beachtlichen Versicherungssumme findet.

Dem sollten die Ehegatten vorbeugen, wenn sie bei einem Finanzdienstleister eine Lebensversicherung zur finanziellen Absicherung der Ehefrau abschließen. Ganz entscheidend ist in diesem Zusammenhang die „Bezugsberechtigung". Wenn der Ehemann in dem Versicherungsvertrag oder nach dessen Abschluss mit gesondertem Schreiben an das Versicherungsunternehmen zugunsten der Witwe ein Bezugsrecht einräumt, fällt die Versicherungssumme nicht in den Nachlass, sondern in das Eigentum der Witwe. Die Lebensversicherung wird dann als Schenkung an die bezugsberechtigte Person behandelt. Als Schenkung wird sodann die Versicherungssumme nicht zum für die Berechnung des Pflichtteilsanspruches maßgeblichen Nachlassbestand hinzugerechnet, sondern nur der Wert der Versicherung im Moment vor dem Versterben des Ehemannes. Das ist in der Regel der Rückkaufswert am Sterbetag, meist eine deutlich geringere Summe. Diese Lösung ist zwar für die Witwe günstiger, jedoch noch keineswegs optimal.

Eine weitaus bessere Lösung besteht in folgender Vertragskonstruktion: Die Ehefrau wird Versicherungsnehmerin, der Ehemann versicherte Person. Darauf sollte man beim Abschluss des Versicherungsvertrages achten. Wenn die laufenden Prämienzahlungen sodann auch noch aus dem Vermögen der Ehefrau erfolgen, spielt die „Todesfallleistung" aus der Versicherung erb- und vor allem pflichtteilsrechtlich keine Rolle. Die Witwe bekommt die Versicherungsleistung aus ihrem eigenen Versicherungsvertrag und nicht aus dem Versicherungsvertrag ihres verstorbenen Ehemannes. Miterben oder pflichtteilsberechtigte Personen können keine Ansprüche auf Berücksichtigung der Lebensversicherung bei der Berechnung des Erbteils oder Pflichtteils erheben.

Die enterbte Ehefrau

Es kommt vor, dass Ehefrauen vollständig enterbt werden. Das ist meistens dann der Fall, wenn die Eheleute bereits vor dem Todesfall getrennt gelebt haben und zumindest einer der Partner einen neuen Lebensgefährten gefunden und als alleinigen Erben eingesetzt hat. In diesen Fällen hat die Witwe oder der Witwer einen Anspruch auf den konkreten Zugewinnausgleich, wenn die Eheleute im gesetzlichen Güterstand der Zugewinngemeinschaft gelebt haben. Die Berechnung erfolgt nach den gleichen Regeln wie bei einer Ehescheidung. Der Anspruch ist gegenüber der Erbin oder dem Erben geltend zu machen. Außerdem hat die Witwe einen Anspruch auf den Pflichtteil in Höhe von einem Achtel.

Ihre Ansprüche macht die enterbte Witwe immer in dieser Reihenfolge geltend: Zuerst fordert sie einen Geldbetrag in Höhe des Anspruchs auf Zugewinnausgleich gegenüber der Erbin oder dem Erben. Von dem verbleibenden Nachlass fordert die Witwe sodann ein Achtel – ebenfalls in Geld – von der Erbin oder dem Erben. Bei dem Güterstand der Gütertrennung hat die enterbte Witwe keinen Anspruch auf den Zugewinnausgleich, sondern nur einen Pflichtteilsanspruch in Höhe der Hälfte ihres gesetzlichen Erbteils. Bei der Gütergemeinschaft hat die enterbte Witwe ebenfalls nur einen Pflichtteilsanspruch in Höhe ihres gesetzlichen Erbteils. Weitere Ansprüche können sich aber aus den Vereinbarungen zur Gütergemeinschaft selbst ergeben. Das ist allerdings eine Frage des Einzelfalls und muss anhand des konkreten Ehevertrages erörtert und bestimmt werden.

Expertentipp

Bei dem Pflichtteilsrecht und dem Recht des Zugewinnausgleichs handelt es sich um außerordentlich komplexe Materien. Wer enterbt wurde, sollte sich daher frühzeitig fachkundig von einem spezialisierten Rechtsanwalt begleiten lassen. Er lässt sich nicht von den Kniffen der Erben beeindrucken, einzelne Tatsachen zu verschleiern und die Ansprüche der enterbten Witwe zu kürzen.

Das Testament der Witwe

Bindung durch früheres Testament beachten

Eine Witwe hat grundsätzlich die Möglichkeit, über ihre eigene Vermögensnachfolge selbst zu bestimmen. Sie kann allerdings an die Anordnungen in einem gemeinschaftlichen Testament mit ihrem verstorbenen Ehepartner gebunden sein und darf in diesem Fall keine davon abweichenden Verfügungen mehr treffen, es sei denn, das gemeinschaftliche Testament enthält ausdrücklich Klauseln, die die Abänderung ermöglichen. Das ist letztlich eine Frage des Einzelfalls und kann nur nach genauer Prüfung des gemeinschaftlichen Testaments beantwortet werden. Sollte die Witwe allerdings nicht durch ein gemeinschaftliches Testament oder durch einen Erbvertrag gebunden sein, ist sie in der Bestimmung ihrer Vermögensnachfolge völlig frei.

Inhalt des Testaments der Witwe

In der Regel wird sie Interesse daran haben, dass ihre Kinder gleichermaßen berücksichtigt werden, und diese als Erben zu gleichen Teilen einsetzen.

Ergänzend sollte man Vorsorge für den Fall treffen, dass einer der eingesetzten Erben wegfallen sollte, und einen so genannten Ersatzerben namhaft machen. Das sollten in der Regel die Abkömmlinge sein. Wenn keine Abkömmlinge vorhanden sind, sollten die Anteile des weggefallenen Erben in der Regel dem noch vorhandenen Erben zufallen. Man spricht hier von einer „Anwachsung".

Die Witwe hat auch die Möglichkeit, einzelnen Miterben einzelne Vermögensgegenstände zuzuwenden. Das erfolgt entweder über ein „Vorausvermächtnis" oder über eine Teilungsanordnung. Bei der Zuwendung über ein Vorausvermächtnis erhält ein Erbe zuerst einen Vermögensgegenstand, erst dann wird der verbleibende Nachlass nach den jeweiligen Erbquoten geteilt. Bei der Zuwendung über eine Teilungsanordnung hat der Begünstigte dem Miterben einen Wertausgleich zu leisten, so dass die Miterben im Ergebnis wirtschaftlich gleich behandelt werden.

Durch die Einsetzung mehrerer Erben entsteht eine Erbengemeinschaft, die sehr streitanfällig sein kann. Das gilt vor allem unter Geschwistern, wenn beide Elternteile verstorben sind. Die Blockademöglichkeiten der einzelnen Miterben werden häufig missbraucht, um dem Bruder oder der Schwester endlich einmal die Grenzen aufzuzeigen. Die Probleme, die in einer Erben-Streitgemeinschaft kumulieren, lassen sich insbesondere mit der Anordnung einer Testamentsvollstreckung lösen. Der Testamentsvollstrecker nimmt sich im Auftrag der Erblasserin der letztwilligen Verfügung und des Nachlasses an. Er setzt den letzten Willen um und kümmert sich um die gerechte Teilung der Erbschaft. Nachdem alle Aufgaben erledigt sind, zahlt er die Erbschaft nach Maßgabe der Anordnungen in dem Testament und nach Maßgabe des Gesetzes an die Beteiligten aus. Als Testamentsvollstrecker sollte man sich einer mit den Belangen des Erbrechts vertrauten Person mit entsprechend großer Erfahrung bedienen. So hat man die größtmögliche Gewähr, dass die Nachlassangelegenheit streitfrei und fair abgewickelt wird. Der Familienfrieden bleibt über das eigene Versterben hinaus gewahrt.

Formulierungsbeispiel

Testament

Hiermit setzte ich, Paula König, verwitwet, meine Kinder Max und Moritz zu meinen Vollerben zu gleichen Teilen ein. Ersatzerben sollen die jeweiligen Abkömmlinge nach den Regeln der gesetzlichen Erbfolgeordnung

sein, wiederum ersatzweise findet – zunächst innerhalb eines Stammes – Anwachsung statt.
Max erhält im Wege der Teilungsanordnung mein Haus in der Gartenstraße 200 in Hamburg. Sollte Max als Erbe wegfallen, entfällt die Teilungsanordnung ersatzlos.
Ich ordne die Ausführungs- und Auseinandersetzungstestamentsvollstreckung an. Der Testamentsvollstrecker ist von allen gesetzlichen Beschränkungen befreit, insbesondere von § 181 BGB. Er erhält eine angemessene Vergütung in Sinne des § 2221 BGB zzgl. der gesetzlichen Umsatzsteuer. Auslagen erhält der Testamentsvollstrecker gesondert erstattet. Er ist berechtigt, dem Nachlass für seine Vergütung angemessene Vorschüsse zu entnehmen. Zum Testamentsvollstrecker ernenne ich Fachanwalt für Erbrecht Rechtsanwalt Klaus Klug, hilfsweise soll das Netzwerk Deutscher Testamentsvollstrecker e.V., Schloßstraße 26, Berlin, einen geeigneten Ersatztestamentsvollstrecker bestimmen.

Ort, Datum, Paula König

Kapitel 4

Die Frau in eingetragener Lebenspartnerschaft

Eine gleichgeschlechtliche Lebenspartnerschaft bietet im Erbfall die gleiche finanzielle Absicherung wie eine Ehe. Nach dem Tod eines Lebenspartners erbt der andere Partner, jedoch in vielen Fällen neben Verwandten der Verstorbenen. Eine solche Verteilung des Vermögens und Streitereien in einer Erbengemeinschaft lassen sich per Testament oder Erbvertrag ausschließen oder begrenzen. Dieses Kapitel behandelt auch die Thematik Partnerschaftsvertrag, mit dem sich ein vermögender Partner im Fall der Aufhebung der Partnerschaft vor hohen Forderungen nach Zugewinnausgleich absichern kann.

Vor mehr als zehn Jahren – im Jahr 2001 – trat das „Gesetz über die Eingetragene Lebenspartnerschaft“ in Kraft. Das kurz als „Lebenspartnerschaftsgesetz“ (LPartG) benannte Regelwerk ermöglicht zwei Menschen gleichen Geschlechts in der Bundesrepublik Deutschland die Begründung einer Lebenspartnerschaft. Nach dem Wortlaut des Gesetzes kommt es nur darauf an, dass beide das gleiche Geschlecht haben. Es kommt ausdrücklich nicht auf die sexuelle Orientierung der Lebenspartner an. Deshalb ist weder eine sexuelle Beziehung noch eine homosexuelle Neigung für die gleichgeschlechtliche Lebenspartnerschaft erforderlich. So ist es möglich, dass zwei heterosexuelle Freundinnen eine Lebenspartnerschaft eingehen. Es ist auch möglich, dass eine junge Frau und ihre Tante eine Lebenspartnerschaft eingehen.

Grenzen gibt es bei Verwandten in gerader Linie (zum Beispiel Vater und Sohn oder Mutter und Tochter oder Oma und Enkelin oder Opa und Enkel) sowie bei Geschwistern und Halbgeschwistern: Diese können keine Lebenspartnerschaft eingehen. Die Lebenspartnerschaft ist in ihren Rechtsfolgen mittlerweile bis auf wenige Ausnahmen an die Ehe angeglichen. Insbesondere bestehen inzwischen keine Unterschiede mehr im Erbschaft- und Schenkungssteuerrecht.

Expertentipp

Enge Freundinnen, die auf den staatlichen Segen einer eingetragenen Lebenspartnerschaft keinen Wert legen, sollten immer bedenken, welche materiellen Vorteile eine oder beide Freundinnen aus einer Lebenspartnerschaft ziehen können: aktuelle Versorgung, rentenrechtlicher Versorgungsausgleich, Erbberechtigung, künftig voraussichtlich auch „Ehegatten-Splitting“.

Gesetzliches Erbrecht der Lebenspartner

Wenn eine verstorbene Lebenspartnerin kein Testament und keinen Erbvertag errichtet hat, gilt die gesetzliche Erbfolge. Sie wird in diesem Fall von ihrer

Partnerin und – in den meisten Fällen – von ihren Verwandten beerbt, also entweder ihren Kindern, sofern vorhanden, oder ihren Eltern oder von einem noch lebenden Elternteil und ihren Geschwistern. Bei fehlenden Kindern, bereits verstorbenen Eltern und nicht vorhandenen Geschwistern kommen – eher theoretisch als praktisch – auch noch die Großeltern als Erben neben der Lebenspartnerin zum Zug. Nur dann, wenn auch die Großeltern bereits verstorben sind, erbt die Lebenspartnerin den gesamten Nachlass ihrer Partnerin. Zusätzlich zum Nachlass erhält die Lebenspartnerin den so genannten „Voraus", Haushaltsgegenstände, Mobiliar und das Auto der beiden.

Expertentipp

Aufgrund der gesetzlichen Erbfolge entstehen nicht selten Erbengemeinschaften mit Verwandten der verstorbenen Lebenspartnerin. Dies sollten die Partnerinnen unbedingt vermeiden. Denn Erbengemeinschaften sind streitanfällig. Lebenspartnerinnen vermeiden Erbengemeinschaften dadurch, dass sie Testamente oder einen Erbvertrag errichten.

Beispiel

Die Übersetzerin Sabine König ist mit der Ärztin Susanna Tignanello, einer Sizilianerin, verpartnert. Susanna hat schon in ihrer Jugend ein kleines Vermögen gemacht. Als sie mit 40 Jahren bei einem Verkehrsunfall stirbt, hinterlässt sie 600.000 Euro in Form einer Eigentumswohnung, die Sabine und Susanna bewohnen. Susanna stammt aus einer sizilianischen Großfamilie, zum Zeitpunkt ihres Todes lebt noch der zu Gewalt neigende Vater, außerdem sieben temperamentvolle und streitbare Geschwister. Sabine gerät in eine außerordentlich streitbegabte Erbengemeinschaft mit der Verwandtschaft von Susanna. Sabine hat zwar Anspruch auf drei Viertel der Erbschaft, aber der Vater erbt ein Achtel und die sieben Geschwister von Susanna – als Nachfolger der bereits verstorbenen Mutter – ebenfalls ein Achtel. Da die italienischen Verwandten die Lebenspartnerschaft nicht kennen und akzeptieren, kommt es zu massivem Streit. Die Wohnung muss verkauft werden, Sabine muss sich eine Mietwohnung nehmen. Es bleiben ihr jedoch nach dem Verkauf der Wohnung von Susannas Vermögen lediglich 350.000 Euro. Aufgrund der massiven Auseinandersetzungen um das Auto und andere Haushaltsgegenstände verzichtet Sabine schweren Herzens auf den „Voraus".

Verlust des Erbrechts bei Aufhebung der Lebenspartnerschaft

Mit der Aufhebung der Lebenspartnerschaft verliert die Lebenspartnerin den gesetzlichen Anspruch auf das Erbe. Schon mit dem eingereichten Aufhebungsantrag kann der Anspruch auf Erbschaft erlöschen. Die geschiedene Lebenspartnerin geht dann leer aus, wenn die ehemalige Lebenspartnerin stirbt.

Expertentipp

Wer auch nur den Verdacht hat, dass die gesetzliche Regelung nicht dem eigenen Willen und Interessen entspricht, ist gut beraten, über ein Testament oder einen Erbvertrag nachzudenken. Eine Erbrechtsexpertin kann speziell für Ihre Situation

- Information erteilen, ob die gesetzliche Erbfolge für Sie und Ihre Familie günstig ist und Ihrem besonderen Bedarf entspricht,
- Sie über die verschiedenen Möglichkeiten beraten, die gesetzliche Erbfolge durch ein klug gestaltetes Testament oder einen Erbvertrag auszuschalten,
- optimale Lösungen für die Absicherung der Lebenspartnerin, (behinderten) Kindern oder bedürftigen Verwandten suchen und finden,
- Sie bei der exakten Ermittlung des „Voraus" und der korrekten Teilung des Nachlasses unterstützen.

Partnerschaftsvertrag schafft Klarheit

Wie Ehegatten können Lebenspartnerinnen einen Vertrag schließen und damit anstelle der Zugewinngemeinschaft Gütertrennung oder Gütergemeinschaft vereinbaren. Am häufigsten wird jedoch eine „modifizierte Zugewinngemeinschaft" gewählt. Damit schließen die Partnerinnen für den Fall der Scheidung die Forderung nach Zugewinnausgleich aus. Eine vermögende Partnerin sichert sich damit gegen erhebliche Forderungen ab, die ihre Partnerin bei einer Scheidung stellen könnte. Zugewinne aus Erwerbsarbeit, Zinsen, Dividenden sowie Vermietung und Verpachtung verbleiben in diesem Fall vollständig bei der Frau, die diese Zugewinne erzielt hat. Neben dem Erbanspruch verliert eine Lebenspartnerin aus einer derart modifizierten Zugewinngemeinschaft nach der Scheidung jeglichen Anspruch auf Zugewinn. Anders gesagt: Eine mittellose Partnerin ohne eigenes Einkommen verliert per Scheidung alles: die aktuelle Versorgung, den Zugewinn und den Anspruch auf eine Erbschaft. Für die Zeit der Partnerschaft steht ihr jedoch ein rentenrechtlicher Versorgungsausgleich zu (sofern dieser nicht ebenfalls per Vertrag ausgeschlossen wurde).

Das Testament der Frau in eingetragener Lebenspartnerschaft

Nicht nur der Inhalt einer letztwilligen Verfügung ist gründlich zu durchdenken. Auch ist zu überlegen, welche Form der letztwilligen Verfügung gewählt werden soll. Es gibt im Wesentlichen das Einzeltestament, das gemeinschaftliche Testament und den Erbvertrag. Diese unterscheiden sich wie folgt:

Form des Testaments

In Deutschland am häufigsten anzutreffen ist das private bzw. handschriftliche Testament. Es ist vollständig handschriftlich zu schreiben und zu unterschreiben. Ort und Datum der Errichtung sollten angegeben sein. Es bedarf keiner Mitwirkung einer Behörde. Es sollte am besten beim Nachlassgericht verwahrt werden, damit es überhaupt und von der richtigen Person gefunden wird. Das Testament ist jederzeit änderbar.

Gemeinschaftliches Testament

Eingetragene Lebenspartnerinnen können genauso wie Eheleute ein gemeinsames Testament errichten. Hier bestehen gewisse Formerleichterungen, weil es das Gesetz genügen lässt, wenn eine Lebenspartnerin das gemeinschaftliche Testament handschriftlich verfasst und die andere es lediglich unterschreibt. Die Lebenspartnerinnen haben in einem gemeinschaftlichen Testament die Möglichkeit, ihre jeweiligen Anordnungen so miteinander zu verbinden, dass die einzelnen Anordnungen in ihrem Bestand voneinander abhängig sind. Widerruft eine Partnerin solch eine so genannte wechselbezügliche Verfügung, so sind auch die Regelungen der anderen Lebenspartnerin unwirksam. Ein Widerruf ist nur notariell möglich. Nach dem Tod der erstversterbenden Partnerin ist das gemeinschaftliche Testament nicht mehr abänderbar, es sei denn, es beinhaltet ein Widerrufsrecht oder Abänderungsvorbehalte.

Expertentipp

In einem Ehegattentestament sollte immer ausdrücklich klargestellt werden, welche Verfügungen „wechselbezüglich“ und damit bindend sind. Denn nur solche Verfügungen können von der überlebenden Lebenspartnerin nicht mehr abgeändert werden.

Am weitesten verbreitet ist das gemeinschaftliche Testament als Berliner Testament. Hier bestimmen die Lebenspartnerinnen, dass ihr Vermögen zunächst der überlebenden Partnerin und erst nach deren Ableben auf einen Dritten, meistens die Kinder, weiterübertragen wird. Vor allem bei größeren Vermögen ist allerdings von einem reinen Berliner Testament aus steuerlichen Gründen abzuraten.

Erbvertrag

Schließlich kann die Erbfolge auch mithilfe eines Erbvertrages geregelt werden. Ein Erbvertrag muss von zwei Personen und beim Notar geschlossen werden. Ein einmal unterschriebener und nicht mit einem Rücktrittsvorbehalt versehener Erbvertrag bindet die Vertragsparteien grundsätzlich an das vertraglich Vereinbarte. Nur unter ganz engen – und selten vorliegenden – Voraussetzungen kann beispielsweise eine in einem Erbvertrag vorgesehene Erbeinsetzung wieder revidiert werden. Es sollte daher vor Abschluss eines Erbvertrages kritisch geprüft werden, ob man sich wirklich unabänderlich festlegen will.

Gestaltungsprobleme und Gestaltungsziele

In jeder achten gleichgeschlechtlichen Lebensgemeinschaft leben Kinder. Wenn von einem Anteil von fünf Prozent Gleichgeschlechtlichen an der Gesamtbevölkerung ausgegangen wird, von denen circa die Hälfte in einer Lebenspartnerschaft lebt, bedeutet das, dass mindestens 200.000 Kinder in gleichgeschlechtlichen Partnerschaften aufwachsen.

Entweder werden Kinder aus einer früheren Ehe mitgebracht. Oder ein Kind wird während der Lebenspartnerschaft von einer Lebenspartnerin geboren. Es handelt sich dann um eine „Regenbogenfamilie". Dies ist eine Familie, in der sich mindestens ein Elternteil als lesbisch, schwul, bisexuell oder transgender versteht.

Die erbrechtliche Brisanz erhält die Regenbogenfamilie durch die unterschiedliche Elternschaft und die daraus resultierenden Differenzen im Erbrecht, Pflichtteilsrecht, aber auch im Unterhaltsrecht. Es drängen sich insbesondere folgende Gestaltungsprobleme auf:

- Gleichstellung aller vorhandenen Kinder
- Unterschiedliche Behandlung der Kinder
- Absicherung der überlebenden Lebenspartnerin
- Regelung bei gleichzeitigem Versterben der Lebenspartnerinnen
- Unterhaltsrechtliche Absicherung der Stiefkinder gegenüber dem alleinverdienenden Stiefelternteil
- Erbrechtliche Ausschaltung des Kindesvaters
- Pflichtteilsrechtliche Probleme

Absicherung der Lebenspartnerin und Kinder

Es bestehen sehr unterschiedliche Vorstellungen darüber, was nach dem Ableben mit einem Vermögen geschehen soll. Im Großen und Ganzen können die Wünsche aber in zwei Kategorien unterteilt werden. Die eine Gruppe wünscht vorrangig die Absicherung der Lebenspartnerin. Die andere Gruppe wünscht vorrangig die Absicherung der Kinder. Häufig ist auch gewünscht, dass die Kinder sich bis zum Schlusserbfall gedulden sollen. Dazwischen werden aber auch alle weiteren denkbaren Wünsche geäußert, so dass eine starre Nachlassverteilung nach bestimmten Testamentstypen nur in den seltensten Fällen in Frage kommt.

Ob die Lebenspartnerin oder die Kinder vorrangig abgesichert werden sollen, hängt eigentlich immer von mehreren Einzelfaktoren ab: Alter der Lebenspartnerin, Vermögensunterschiede, Einkommensunterschiede, Absicherung der Kinder zum Beispiel durch zukünftiges Erbe vom Kindesvater. Bei den nachfolgenden drei Lebenssituationen werden nur Anregungen gegeben für die Formulierung des letzten Willens.

Expertentipp

Bitte übernehmen Sie die Formulierungsvorschläge nicht pauschal. Es muss im Einzelfall immer die konkrete Familiensituation, die Einkommens- und Vermögenssituation berücksichtigt werden. Es muss überlegt werden, wer wann etwas erhalten soll. Auch muss das Entstehen eventueller Pflichtteilsansprüche berücksichtigt werden.

Lebenspartnerin ohne Kinder

Kinderlose Lebenspartnerinnen können sich per Einzeltestament oder gemeinschaftlichem Testament wechselseitig als Alleinerbinnen einsetzen. Pflichtteilsberechtigt sind in diesem Fall die Eltern, sofern sie noch leben. Andere Pflichtteilsberechtigte gibt es in dieser Konstellation nicht. Insbesondere sind die Geschwister nicht pflichtteilsberechtigt.

Experten-tipp

Es sollte ein Ersatzerbe bestimmt werden für den Fall, dass die benannte Erbin zuerst stirbt. Erfahrungsgemäß wird vergessen, das Testament in einem solchen Fall zu ändern. Die Benennung eines Ersatzerben führt dazu, dass ersatzweise eine gewünschte Person erbt und nicht die leibliche Verwandtschaft, sofern dies nicht gewollt sein sollte.

Die Lebenspartnerin kann auch als Vorerbin eingesetzt werden, wenn gewünscht ist, dass das, was vom Erbe nach dem Tod der Lebensgefährtin noch übrig ist, an eine bestimmte andere Person vererbt wird. In diesem Fall könnte die überlebende Lebensgefährtin nicht selbst bestimmen, was sie mit dem geerbten Vermögen macht. Es besteht auch die Möglichkeit, neben der Erbeinsetzung bestimmte Gegenstände oder Geldbeträge anderen Personen oder gemeinnützigen Organisationen im Wege des Vermächtnisses zukommen zu lassen.

Formulierungsbeispiel

Testament

Ich, ..., geboren am ... in ..., deutsche Staatsangehörige, errichte nachfolgendes Testament, wobei ich vorsichtshalber die Anwendbarkeit materiellen deutschen Erbrechts wähle:

Ich erkläre, dass ich nicht durch ein bindend gewordenes gemeinschaftliches Testament oder einen Erbvertrag an der Errichtung dieses Testa-

ments gehindert bin. Hiermit hebe ich alle bisher von mir errichteten Verfügungen von Todes wegen in vollem Umfang auf.
Zu meiner alleinigen Vollerbin bestimme ich meine Lebenspartnerin Frauke Schmidt, geb. am ... in ...
Für den Fall, dass sie vor mir stirbt oder die Erbschaft ausschlägt, bestimme ich Sarah Schön, geb. am ... in ..., als Ersatzerbin.

Ort, Datum, Vorname Nachname

Lebenspartnerin mit Kind

Wenn eine Lebenspartnerin als Alleinerbin eingesetzt wird, entsteht als Rechtsfolge, dass das Kind der Erblasserin pflichtteilsberechtigt ist. Das bedeutet, dass die erbende Lebenspartnerin den Pflichtteil an das Kind in Geld unmittelbar nach dem Erbfall auszahlen muss.

Beispiel

Susanne und Judith sind verpartnert im gesetzlichen Güterstand der Zugewinngemeinschaft. Susanne hat aus erster Ehe einen Sohn, Stefan, mitgebracht. Judith hat ebenfalls eine Tochter, Johanna, mit in die Ehe gebracht. Außerdem haben beide ein weiteres gemeinsames Kind, Tatjana, das eine von beiden geboren und die andere adoptiert hat. Im Rahmen eines Berliner Testaments setzen sich die Lebenspartnerinnen auf den ersten Todesfall gegenseitig zu Alleinerbinnen ein, um sich wechselseitig abzusichern. Schlusserben nach der Zweitversterbenden sollen die drei Kinder zu je einem Drittel werden. Wenn Susanne als Erste stirbt, sieht die Rechtslage wie folgt aus:
Alleinerbin wird Judith. Die Kinder von Susanne sind enterbt, weil eben Judith Erbin ist. Sie haben deshalb einen Pflichtteilsanspruch, der in diesem Fall ein Achtel pro Kind des Nachlasses von Susanne beträgt. Dies stellt eine erhebliche Gefährdung des eigentlichen Ziels dar, wonach die überlebende Lebenspartnerin

abgesichert werden soll. Rechnerisch sieht dies wie folgt aus: Wenn Susanne ein Vermögen von 500.000 Euro gehabt hat, beträgt jeder Pflichtteil 62.500 Euro. Judith muss also in Geld an beide Kinder insgesamt 125.000 Euro auszahlen. Nach dem Tod der länger lebenden Judith werden ausweislich des Testaments die drei Kinder Miterben zu je einem Drittel.

Die Berechnung des Pflichtteilsanspruchs und die Begrenzung des Pflichtteilsrisikos ist ausführlich in Kapitel 3 dargestellt.

Absicherung des Kindes

Wenn eine Lebenspartnerin sicherstellen will, dass ihr Nachlass nach dem Tod der Partnerin ihrem Kind zukommt, hat sie die Möglichkeit, ihre Kinder als Erben einzusetzen und der Lebenspartnerin ein Wohnungsrechts- und Geldvermächtnis zukommen zu lassen. Oder sie kann die Lebenspartnerin als Vorerbin und die Kinder als Nacherben bestimmen.

Wohnungsrechtsvermächtnis

Wenn eine Lebenspartnerin Eigentümerin einer Immobilie ist und die andere Lebenspartnerin finanziell genügend abgesichert ist, kann das Kind als Erbe eingesetzt werden und der Lebenspartnerin ein lebenslanges kostenloses Wohnungsrecht eingeräumt werden. Das Wohnungsrecht berechtigt eine Person, ein Gebäude oder den Teil eines Gebäudes unter Ausschluss des Eigentümers zu bewohnen. Der Lebenspartnerin wird dadurch das Wohnen in der bisherigen Wohnung nach dem Tod der Partnerin sichergestellt werden, ohne dass auch das Eigentum an der Wohnung an die Lebenspartnerin übergeht. Das Wohnungsrecht kann in einer letztwilligen Verfügung („Testament" oder „Erbvertrag") zugewendet werden. Bei richtiger Formulierung hat die überlebende Lebenspartnerin ein Recht darauf, dass das Wohnungsrecht im Grundbuch eingetragen wird.

Experten-tipp

In der letztwilligen Verfügung sollte bestimmt werden, dass das Wohnungsrecht auf Lebzeiten unentgeltlich eingeräumt wird. Auch sollte bestimmt werden, ob die Überlebende zur Vermietung oder Untervermietung berechtigt ist und ob sie berechtigt ist, die zur Pflege notwendigen Personen in die Wohnung aufzunehmen. Wenn dies nicht ausdrücklich bestimmt wird, gilt die gesetzliche Regelung. Danach ist die unentgeltliche Überlassung der Wohnung oder die Vermietung der Wohnung grundsätzlich untersagt. Es ist auch eine Entscheidung darüber zu treffen, ob das Wohnungsrecht enden soll, wenn die überlebende Lebenspartnerin eine neue dauerhafte Beziehung eingeht.

Das Wohn- oder Nießbrauchsrecht stellt zwar eine relativ gute Absicherung für die überlebende Lebenspartnerin dar. Es hat aber auch einen Nachteil: Die Lebenspartnerin kann bei einer Erbeinsetzung der Kinder über Nachlassgegenstände weder über die Immobilie verfügen noch diese belasten.

Versorgung der Verwandten

Wenn der Nachlass nach dem Tod der Partnerin an ihre eigene Familie gehen soll, kann die Erblasserin die Partnerin zur Vorerbin und die Familie zum Nacherben bestimmen. Erbrechtlich sind in diesem Fall sowohl die Vorerbin als auch die Nacherbin Erben des Erblassers.

Experten-tipp

Steuerrechtlich kann dieses Modell nachteilig sein: Denn der Nacherbe gilt als Erbe des Vorerben (!) mit der Folge, dass der Nachlass zweimal versteuert werden muss. Der Nacherbe kann lediglich beantragen, dass für die Besteuerung sein Verwandtschaftsverhältnis zur Erblasserin und nicht das zum Vorerben zugrunde gelegt wird. Das Wohnungsrechtsvermächtnis ist in der Regel die steuerlich günstigere Variante.

Die Vorerbin darf den Nachlass auf eigene Rechnung nutzen. Sie muss die Substanz (Immobilie oder Geldbestand) aber für die Nacherben erhalten. Die Vorerbin unterliegt deshalb von Gesetzes wegen diversen unangenehmen Beschränkungen. Sie kann insbesondere über Grundstücke und Grundstücksrechte nicht ohne Zustimmung der Nacherben verfügen. Diese Verfügungsbeschränkung wird sogar durch Eintragung eines Nacherbenvermerks im Grundbuch gesichert. Die Vorerbin darf auch nichts verschenken mit Ausnahme von Anstandsschenkungen. Die Erblasserin kann die Vorerbin weitgehend von diesen Beschränkungen befreien. Dies nennt sich „befreite Vorerbschaft". Das Verbot der unentgeltlichen Verfügungen bleibt auf jeden Fall bestehen.

Die Vor- und Nacherbschaft führt häufig zu Streitigkeiten zwischen Vor- und Nacherben, also zwischen Partnerin und leiblicher Verwandtschaft. Wenn Lebenspartnerinnen das vermeiden wollen, was zu empfehlen ist, sollten sie sich lieber in einem gegenseitigen Testament oder Erbvertrag zur Erbin einsetzen und gleichzeitig regeln, wer ihre Erben sein sollen, wenn sie die andere Partnerin überleben.

Testamentsvollstreckung

Wenn sichergestellt werden soll, dass dem letzten Willen auch tatsächlich entsprochen wird und dass die Erben sich nicht einvernehmlich über den letzten Willen hinwegsetzen, sollte Testamentsvollstreckung angeordnet werden. Bei der Testamentsvollstreckung handelt es sich um die professionelle Nachlassabwicklung durch eine fachkundige, neutrale, objektive und überzeugende Person, die (optimalerweise) selbst am Erbe nicht beteiligt ist.

Formulierungsbeispiel

Für meinen Nachlass ordne ich Testamentsvollstreckung an. Die Testamentsvollstreckerin hat die Aufgabe, die Abwicklung des Nachlasses vorzunehmen. Bei der Auseinandersetzung des Nachlasses hat die Testamentsvollstreckerin entsprechend meinen im Testament getroffenen Anweisungen vorzugehen.

Zur Testamentsvollstreckerin bestimme ich ... Ersatzweise soll das Netzwerk Deutscher Testamentsvollstrecker e.V., Elsa-Brandström-Str. 2, 33602 Bielefeld, einen geeigneten Testamentsvollstrecker bestimmen. Die Testamentsvollstreckerin erhält eine angemessene Vergütung. Ich ordne an, dass sich die Vergütung der Testamentsvollstreckerin nach der zum Zeitpunkt meines Todes gültigen Fassung der „Vergütungsempfehlungen des Deutschen Notarvereins" richtet.

Regelung der Beerdigung

Die Wahl der Bestattungsart und die Gestaltung und Pflege der Grabstätte richtet sich nach dem Willen der Verstorbenen. Liegt von ihr keine ausdrückliche Willensbekundung vor, haben die Angehörigen zu bestimmen, wie die Bestattung erfolgen und das Grab gestaltet und gepflegt werden soll. Wer in diesem Sinn „totensorgeberechtigt" ist, ergibt sich aus den Landesgesetzen über das Friedhofs- und Bestattungswesen. Fast alle Bundesländer berücksichtigen inzwischen in ihren Landesgesetzen die Lebenspartnerin als totensorgeberechtigte Angehörige.

Expertentipp

Um auf Nummer sicher zu gehen, empfiehlt es sich, der Lebenspartnerin durch eine schriftliche Verfügung, zum Beispiel in einer Patientenverfügung, die Totensorge ausdrücklich einzuräumen.

Formulierungsbeispiel

Für den Fall meines Todes bevollmächtige ich meine Lebenspartnerin, alle Regelungen, die meine Beerdigung betreffen, wie zum Beispiel Art, Zeit, Ort und Gestaltung der Bestattung, zu gestalten sowie mein Grab zu pflegen. Meine leibliche Verwandtschaft ist hierzu ausdrücklich nicht berechtigt.

Das Gleiche gilt umso mehr für nichtverpartnerte Lebensgefährtinnen. Um zu verhindern – was immer wieder passiert –, dass Blutsverwandte die Gestaltung der Beerdigung an sich reißen und die Lebensgefährtin vorsätzlich ausschließen, sollte hier erst recht durch eine Verfügung Vorsorge getroffen werden.

Die Angehörigen müssen Anordnungen zur Beerdigung respektieren. Um sicherzustellen, dass den Anordnungen auch Folge geleistet wird, empfiehlt es sich, die Beerdigung schon vorher mit einem Bestattungsinstitut zu regeln und im Voraus zu bezahlen. Gleichzeitig ist dringend zu empfehlen, das Schriftstück mit den Anordnungen über die Beerdigung denjenigen auszuhändigen, die die Beerdigung durchführen sollen und mitzuteilen, dass bzw. wie bereits alles organisiert wurde. Eine Anordnung im Testament empfiehlt sich ausdrücklich nicht, da ein Testament immer erst nach der Beerdigung eröffnet wird.

Kapitel 5

Die Frau in Trennung und Scheidung

Während der Trennungs- und Scheidungsphase wird von den Noch-Ehepartnern oft mit unfairen Mitteln gekämpft und gestritten. Verbalinjurien der übelsten Sorte, die in dieser Zeit ausgetauscht werden, suchen Sie in diesem Kapitel vergeblich. Stattdessen finden Noch-Ehefrauen wichtige Informationen zu einer rationalen Vertretung ihrer eigenen Interessen. Das Kapitel behandelt darüber hinaus das Testament der geschiedenen Frau. Es zeigt, wie verhindert werden kann, dass der Ex-Mann als Erbe eines zuvor verstorbenen gemeinsamen Kindes das Vermögen der früheren Ehefrau erbt.

Schon in der Trennungsphase – in der Regel also den zwölf Monaten, die der Scheidung vorausgehen – sollte eine Ehefrau sich nicht nur mit den aktuell hochgekochten Streitthemen beschäftigen, sondern auch mit erbrechtlichen Themen rund um die voraussichtliche Scheidung. Viele Leute glauben, dass das von einem Partner in die Ehe eingebrachte Vermögen in einer Art Gemeinschaftsvermögen beider Ehegatten aufgeht, das im Zuge der Scheidung „50 zu 50" aufzuteilen wäre. Das ist jedoch nicht der Fall. Das von der Ehefrau in die Ehe eingebrachte Vermögen sowie Schenkungen und Erbschaften, die sie während der Ehezeit erhalten hat, sind auch nach einer mehr oder weniger langen Ehezeit ausschließlich ihr alleiniges Eigentum. Vorausgesetzt, die Partner leben in einer Zugewinngemeinschaft, muss die Ehefrau mit dem Ehemann lediglich den Zugewinn teilen, den sie aus ihrem Vermögen etwa in Form von Zinsen, Dividenden, Mieteinnahmen oder Wertsteigerung von Immobilien erwirtschaftet hat. Umgekehrt kann auch der Ehemann im Scheidungsverfahren darauf pochen, dass sein eingebrachtes und ererbtes Vermögen ausschließlich ihm zusteht. Dies gilt auch dann, wenn Vermögensbestandteile eines Partners in eine gemeinschaftlich gekaufte Immobilie gewandert sind. Im Zuge der Scheidung wird immer sowohl das Anfangsvermögen als auch das Endvermögen für jeden einzelnen Partner bilanziert und der Zugewinn zur Berechnung des Zugewinnausgleichs ermittelt.

Expertentipp

Es liegt im elementaren Interesse der Ehefrau, das von ihr in die Ehe eingebrachte und möglicherweise während der Ehezeit durch Schenkungen und Erbschaften erhöhte Vermögen exakt darzustellen und zu belegen, um nicht unnötigerweise mit dem künftigen Ex-Mann Vermögen teilen zu müssen, das ausschließlich ihr zusteht.

Problematisch sind in diesem Zusammenhang immer Schenkungen, die zum Beispiel die Eltern der Ehefrau an beide Partner – Tochter und Schwiegersohn – gemacht haben. In diesem Fall muss tatsächlich die jeweilige Schenkung zum Schaden der Tochter korrekt „50 zu 50" geteilt werden. Die Beweisführung ist hier meist schwierig, sofern keine schriftlichen Belege für die Schenkung an beide Partner vorliegen. Insofern hat eine Ehefrau, die mit Zeugenaussagen ihrer Eltern Geldgeschenke in einer bestimmten Höhe an sie allein belegen kann, gute Karten, dass die entsprechenden Beträge auf ihrer Seite verbucht werden und nicht als Schenkung an beide Partner. Umgekehrt liegt es im Interesse der Ehefrau, Belege für Erbschaften und Schenkungen aus der Verwandtschaft des Ehegatten an beide Ehepartner zu sammeln, um zu vermeiden, dass Vermögen, das sie per Schenkung zu 50 Prozent erhalten hat, ausschließlich aufseiten des Ehemannes verbucht wird. In diesem Zusammenhang können aufgehobene nette kleinere Briefe mit Hinweisen auf die Schenkung an beide Partner, aber auch Bankauszüge aus dem Jahre „Annodazumal" außerordentlich wichtige Dokumente sein. Auf jeden Fall rentiert es sich, solche Belege vor der absehbaren Scheidung zu sammeln und sicher aufzubewahren, bevor sie vom Noch-Ehemann vernichtet werden können.

Trennungsphase

In der Trennungsphase, die sich auch über Jahre hinziehen kann, kann eine Ehefrau noch eine zweite erbrechtliche Thematik klären, sofern sie hier einen Bedarf sieht: Das Getrenntleben hat grundsätzlich keinerlei Auswirkungen auf das gesetzliche Erbrecht und das Pflichtteilsrecht. Beide Rechte bestehen in dieser Zeit unverändert fort. Auch auf ein bereits zugunsten des Ehemannes errichtetes Testament hat die Trennung keinerlei Einfluss.

Verlust des Erbrechts

Häufig verlieren die Ehefrau und umgekehrt auch der Ehemann erst mit einem rechtskräftigen Scheidungsurteil das gesetzliche Ehegatten-Erbrecht. In etlichen Fällen erlischt das Ehegatten-Erbrecht jedoch schon vor dem Scheidungsurteil. Dies ist bei folgender Konstellation der Fall: Ein Ehepartner stellt den Scheidungsantrag, der andere stimmt diesem Antrag zu. Die Scheidungsvoraussetzungen sind gegeben (Zerrüttung der Ehe, drei Jahre Trennungszeit). Stirbt nun einer der Ehepartner vor dem Scheidungsurteil – Trennungsphasen und Scheidungsverfahren können sich über Jahre hinziehen – kann der andere ihn nicht mehr beerben. Doch im Einzelfall kann sich die Sache noch einmal anders darstellen.

Wenn der Ehepartner, der einen Scheidungsantrag stellt, während des Scheidungsverfahrens verstirbt, endet das Scheidungsverfahren. Die Ehe ist durch den Tod des einen Ehepartners bereits beendet. Ein Urteil über die Scheidung der Ehe ist naturgemäß nicht mehr erforderlich. Allerdings wird in dem Erbscheinsverfahren vor dem Nachlassgericht geprüft, ob die Voraussetzungen der Ehescheidung vorlagen und der von dem verstorbenen Ehepartner gestellte Antrag auf Scheidung der Ehe erfolgreich gewesen wäre.

In der Praxis wird von der Witwe in der Regel der Einwand vorgebracht, dass sie und ihr Gatte sich ungeachtet des Scheidungsverfahrens vor dem Versterben des Ehemannes wieder versöhnt hätten, die eheliche Lebensgemeinschaft wieder aufgenommen und mit der Suche nach einer gemeinsamen Ehewohnung begonnen worden sei. Die Rücknahme des Scheidungsantrages sei vor allem lediglich aufgrund des plötzlichen Versterbens des Antragstellers nicht mehr erfolgt. Wenn die Witwe die Behauptung differenziert darlegen und beweisen kann, wird das Nachlassgericht die Erfolgsaussicht des Scheidungsantrages in der Regel verneinen und das gesetzliche Erbrecht der Witwe feststellen.

Sollte der Scheidungsantrag nicht von dem verstorbenen Ehemann, sondern von der überlebenden Witwe gestellt worden sein, kommt es auf die Erfolgsaussicht des Antrages auf Scheidung der Ehe nicht an. Das gesetzliche Erbrecht der Witwe bleibt bestehen. Etwas anderes gilt nur dann, wenn der verstorbene Ehemann dem Scheidungsantrag vor seinem Versterben bereits zugestimmt hatte und die übrigen Voraussetzungen der Ehescheidung insbesondere im Hinblick auf das Getrenntleben von wenigstens einem Jahr vorlagen. Es genügt allerdings nicht, wenn die Zustimmung lediglich dem anderen Ehegatten gegenüber erklärt worden ist. Sollte die Zustimmung jedoch gegenüber dem Familiengericht erklärt worden sein, ist das ausreichend. Wobei die Witwe in der Praxis im Rahmen des Erbscheinsverfahrens mit einem entsprechenden Einwand kommt, wie in dem vorgenannten Fall. Das Nachlassgericht kann sodann mit der gleichen Maßgabe zu dem Ergebnis kommen, dass die Voraussetzungen der Ehescheidung nicht vorlagen, und der Witwe das gesetzliche Erbrecht zusprechen.

Expertentipp

Wenn der Ehepartner während eines laufenden Ehescheidungsverfahrens stirbt, sollte man sein gesetzliches Erbrecht nicht von vornherein als verloren ansehen. Es ist vielmehr geboten, sich unverzüglich von einem auf das Erbrecht spezialisierten Rechtsanwalt beraten zu lassen. In vielen Fällen ist das gesetzliche Erbrecht der Witwe trotz eines laufenden Scheidungsverfahrens zu retten, obwohl die Voraussetzungen für die Ehescheidung auf den ersten Blick vorgelegen haben.

Ausschluss des Ex-Mannes von der Erbfolge

Eine Ehefrau, die großen Wert darauf legt, auszuschließen, dass sie bei einem unerwarteten und unvorhersehbaren Tod während der Trennung und während des laufenden Scheidungsverfahrens von ihrem Noch-Ehemann beerbt wird, hat folgende Möglichkeiten, um dies zu erreichen:

- Sie errichtet ein „Negativtestament" und schließt den Ehemann damit von der gesetzlichen Erbfolge aus. („Hiermit enterbe ich meinen Ehemann, von dem ich getrennt lebe. Als alleinige Erben setze ich … ein.") Ein solches Kurztestament in handschriftlicher Form führt dazu, dass der Ehemann nur noch den Pflichtteil fordern kann, falls die Ehefrau in der Trennungsphase verstirbt.
- Eine Ehefrau, die bereits ein einseitiges Testament zugunsten ihres Ehemanns errichtet hat, kann dieses Testament jederzeit widerrufen und sollte es rein vorsorglich vernichten oder in einem neuen Testament widerrufen.

- Falls die Ehepartner bereits ein gemeinschaftliches Ehegattentestament zugunsten des anderen Ehegatten errichtet haben, können sie dieses Testament gemeinsam und einvernehmlich aufheben. Falls eine solche gemeinschaftliche Aktion nicht mehr möglich sein sollte – etwa weil im Rosenkrieg keinerlei Gespräche und vernünftigen Auseinandersetzungen mehr möglich sind –, kann die Ehefrau das Ehegattentestament auch einseitig widerrufen. Der Widerruf muss aber über einen Notar erfolgen und vom Notar dem anderen Ehegatten zugestellt werden.
- Haben die Ehegatten miteinander einen Erbvertrag abgeschlossen, kann ein Ehegatte von diesem Vertrag zurücktreten, wenn sich die Partner dieses Recht vorbehalten haben. Ansonsten bleibt oft nur die Möglichkeit, den Erbvertrag anzufechten. Die einzige Begründung, die in diesem Zusammenhang einen stichhaltigen Anfechtungsgrund liefert, ist folgende: Man habe nicht damit gerechnet, dass der andere Ehegatte den Grund für die Zerrüttung der Ehe zu vertreten habe. Dieses Argument muss die Ehefrau auch dann anführen, wenn sie selbst mit Seitensprüngen maßgeblich zum Scheitern der Ehe beigetragen hat.
- Gegen den Anspruch des Ehemannes auf den Pflichtteil kann die Ehefrau dagegen nur sehr wenig tun. Das Pflichtteilsrecht kann nur der Ehemann selbst durch einen notariell beurkundeten Pflichtteilsverzicht beseitigen. Darauf wird sich aber der Ehemann in den meisten Fällen nicht einlassen.

Kein Erbrecht der geschiedenen Ehefrau

Nach rechtskräftiger Scheidung steht der Ehefrau kein gesetzliches Erbrecht mehr nach ihrem geschiedenen Ehemann zu, ebenso wenig ein Pflichtteilsrecht und auch kein Anspruch auf den so genannten „Ehegattenvoraus“ (Haushaltsgegenstände, Mobiliar). Ein Testament, durch das der Ehemann die Ehefrau bedacht hat, ist unwirksam, wenn die Ehe nichtig oder wenn sie vor dem Tod eines der Ehegatten aufgelöst worden ist. Dieser Rechtsfolge liegt der Erfahrungssatz zugrunde, dass die Ehegatten ein gemeinschaftliches Testament nicht errichtet hätten, wenn sie mit dem Scheitern ihrer Ehe gerechnet hätten. Ein gemeinschaftliches Testament ist demnach in solchen Fällen insgesamt vollständig unwirksam. Ausnahmsweise gelten letztwillige Anordnungen in einem Testament aber dann fort, wenn angenommen werden kann, dass die Ehegatten die Anordnungen auch bei Auflösung der Ehe getroffen hätten.

Experten-tipp

Um Streitigkeiten darüber zu vermeiden, ob letztwillige Verfügungen in einem Testament auch für den Fall der Auflösung der Ehe fortgelten sollen oder nicht, sollte in einem Testament hierzu ausdrücklich Stellung bezogen werden. Beispielsweise kann festgelegt werden, dass die vollständige Verfügung von Todes wegen für den Fall unwirksam sein soll, dass ein begründeter Scheidungsantrag rechtshängig ist!

Formulierungsbeispiel

Die von uns getroffenen Verfügungen sollen nur dann gelten, wenn unsere Ehe zum Zeitpunkt des Todes des Erstversterbenden noch nicht aufgelöst ist. Gleiches gilt auch für den Fall, dass unsere Ehe nichtig war oder wenn einer der Ehegatten einen Scheidungsantrag gestellt hat und zum Zeitpunkt des Todes die materiell-rechtlichen Voraussetzungen der Scheidung gegeben waren.

Bezugsrecht einer Lebensversicherung ändern

Zu beachten ist in diesem Zusammenhang, dass – anders als Testamente – Lebensversicherungen und sonstige Rechtsgeschäfte unter lebenden Partnern (zum Beispiel ein Arbeitsvertrag) weiter bestehen bleiben. Ist der Ehemann als bezugsberechtigte Person bei einer Lebensversicherung eingesetzt, kann es sein, dass er die Versicherungssumme erhält, obwohl die Ehe schon lange aufgelöst ist. Der Bundesgerichtshof hat zwar entschieden, dass in der Auflösung der Ehe ein so genannter „Wegfall der Geschäftsgrundlage“ zu sehen sei, und damit der Anfall der Versicherungssumme an den überlebenden Ehemann entfällt. Dies soll aber immer dann nicht der Fall sein, wenn sich aus den Lebensumständen ergibt, dass die Versicherung ausschließlich der Absicherung des Ehegatten diente und deshalb auch über das Scheitern der Ehe hinaus die Bezugsberechtigung bestehen bleiben soll.

Expertentipp

Um an dieser Stelle Unklarheiten zu vermeiden, sollte eine eindeutige Anordnung hierüber getroffen werden, und zwar im Rahmen des Versicherungsvertrages. In aller Regel ist es ratsam, dass der Versicherungsnehmer die Scheidung als auflösende Bedingung vereinbart. Das heißt, dass mit Eintritt der Scheidung die Bezugsberechtigung an den eingesetzten Ehegatten entfällt!

Immer wieder kommt es in der Praxis zu Streitigkeiten darüber, wer gemeint war, wenn ein Erblasser im Rahmen eines Versicherungsvertrages „den Ehegatten“ eingesetzt hat, ohne konkrete Namen zu nennen. Nach Auffassung des Bundesgerichtshofs soll damit automatisch nur der Ehegatte gemeint sei, der zum Zeitpunkt des Versicherungsfalls mit dem Versicherungsnehmer verheiratet war und nicht der Ehegatte im Zeitpunkt des Vertragsschlusses.

Expertentipp

Bei widerruflichen Lebensversicherungsverträgen wird der Versicherungsnehmer im Falle einer Scheidung die Bezugsberechtigung in aller Regel widerrufen wollen. Hierbei ist allerdings zu beachten, dass die Einräumung oder Aufhebung des Bezugsrechts erst mit deren schriftlicher Anzeige an die Versicherungsgesellschaft wirksam wird. Die Änderung der Bezugsberechtigung im Rahmen eines Testaments genügt ausdrücklich nicht!

Das Testament der geschiedenen Ehefrau

Wie bereits dargestellt, kann der geschiedene Ex-Ehemann seine vormalige Ehefrau unmittelbar nicht mehr beerben. Es besteht aber die Gefahr, dass ein Ehegatte irgendwann über die gemeinsamen Kinder am Nachlass des geschiedenen und verstorbenen Ehepartners partizipiert. Wenn die gemeinsamen Kinder selbst keine Abkömmlinge hinterlassen haben, kann der frühere Ehemann die gemeinsamen Abkömmlinge von Gesetzes wegen als Vater beerben.

Vorrangiges Ziel bei der Gestaltung eines Testaments einer geschiedenen Frau ist es, den geschiedenen Ehegatten und dessen einseitige Verwandten langfristig von der Teilhabe am Nachlass auszuschließen. Außerdem kommt es darauf an, auszuschließen, dass der Ex-Ehemann nach dem Tod der Ex-Ehefrau und eines gemeinsamen Abkömmlings keine Pflichtteilsansprüche mehr geltend machen kann.

Auf der anderen Seite will die geschiedene Ehefrau ihr Vermögen nach ihrem Tod in aller Regel auf die gemeinsamen Kinder übertragen. Die Kinder sollen zu Lebzeiten eine weitestgehende Freiheit im Umgang mit dem Vermögen der verstorbenen Ehefrau genießen. Ziel ist es nämlich, den geschiedenen Ehegatten vom eigenen Vermögen fernzuhalten, aber nicht die Verfügungsfreiheit der gemeinsamen Kinder im Hinblick auf das eigene Vermögen zu beschneiden.

Vorsorge mittels Vor- und Nacherbschaft

Der am häufigsten angewandte Kunstgriff, um diese Zielsetzung zu erreichen, ist die Anordnung einer „Vor- und Nacherbschaft“. Im Rahmen dieser Gestaltung wird ein Vorerbe benannt, der das Vermögen des Erblassers nur zeitlich befristet erhält und nutzen darf. Nach dessen Ableben fällt dieses Vermögen dann einem Nacherben zu, der bereits durch den ursprünglichen Erblasser bestimmt wird. Es wird folglich ein „Sondervermögen" geschaffen, das strikt vom Eigenvermögen des Vorerben getrennt ist. Dieses Sondervermögen, das vom ursprünglichen Erblasser herrührt, ist der Testierfreiheit des Vorerben entzogen. Es kann nicht an die Erben des Vorerben fallen und auch nicht bei Berechnung der Pflichtteilsansprüche (nach dem Tod des Vorerben) herangezogen werden. Der Pflichtteilsanspruch nach dem Tod des Vorerben wird einzig und allein aus dessen Eigenvermögen berechnet. Als weiterer positiver Aspekt kommt hinzu, dass der Vorerbe nur in sehr beschränkter Weise Nachlassgegenstände auf eine dritte Person, also beispielsweise auch auf den geschiedenen Ehegatten, übertragen kann.

Erst in einem vom Erblasser bestimmten Moment geht die Erbschaft auf den Nacherben über. Diesen Moment stellt im Regelfall der Tod des Vorerben dar. Es tritt dann der Nacherbfall ein und das ursprüngliche Vermögen der geschiedenen und verstorbenen Ehefrau (Sondervermögen) geht auf eine vorab von ihr bestimmte dritte Person über, den „Nacherben". Der Nacherbe ist nicht Erbe des Vorerben, sondern Erbe des ursprünglichen Erblassers. Im Hinblick auf sein eigenes Vermögen wird der Vorerbe von seinen gesetzlichen Erben beerbt oder eben von jenen Personen, die in einem Testament der geschiedenen Ehefrau als Erben benannt sind. Es kommt also quasi zu zwei Erbfolgen.

Nicht befreiter Vorerbe

Ist in einem Testament zu dieser Frage nichts geregelt, geht das Gesetz von einer nicht befreiten Vorerbschaft aus. Im Hinblick darauf, dass der Vorerbe den Nachlass ungeschmälert an den Nacherben weiterreichen soll, ist die Verfügungsfreiheit des Vorerben im Interesse und zum Schutz des Nacherben durch umfangreiche Kontroll-, Sicherungs- und Mitwirkungsrechte beschnitten. Die wohl wesentlichsten Einschränkungen des Vorerben liegen zum einen in dem Verbot, über Grundstücke und Rechten an solchen zu verfügen. Dem Vorerben ist es also nicht erlaubt, Grundstücke zu veräußern oder diese mit einer Grundschuld zu belasten. Des Weiteren darf der nicht befreite Vorerbe das Nachlassvermögen in seiner Grundsubstanz nicht antasten und ausgeben. Er darf nur die Erträge und Nutzungen aus dem Nachlass ziehen und für sich verwenden. Befindet sich beispielsweise ein Mietshaus im Nachlass, kann der Vorerbe die Mieteinnahmen für sich verwenden. Er darf aber die Immobilie selbst weder veräußern noch belasten. War der Erblasser im Besitz eines hohen Geldvermögens, so kann der Vorerbe die Zinsen für sich selbst ausgeben, aber niemals das Geldvermögen selbst angreifen. Darüber hinaus bestehen noch zahlreiche weitere Beschränkungen.

Es wird schnell klar, dass ein nicht befreiter Vorerbe in seiner wirtschaftlichen Bewegungsfreiheit enorm eingeengt ist. Dies ist aber in der Regel nicht das Ziel des Erblassers. Dessen Interesse geht dahin, seinen geschiedenen Ehegatten vom Nachlass fernzuhalten, aber nicht seine eigenen Abkömmlinge als Vorerben zu beschränken und damit zu sanktionieren.

Befreiter Vorerbe

Aus diesem Grund wird der Erblasser in aller Regel seine Vorerben im Rahmen eines Geschiedenentestaments weitestgehend von allen Beschränkungen befreien, soweit gesetzlich zulässig. Es bestehen konkret folgende Befreiungsmöglichkeiten:

- Befreiung von der Verfügungsbeschränkung über Grundstücke und Rechte an solchen
- sowie über Hypothekenforderungen, Grund- und Rentenschulden
- Befreiung von der Hinterlegung bzw. Umschreibung von Wertpapieren und der Anlegung von Geld
- Befreiung von der Aufstellung eines Wirtschaftsplanes bei Wald und der Gewinnung von Bodenschätzen
- Befreiung von den Kontroll- und Sicherungsrechten des Nacherben
- Befreiung von dem Gebot der ordnungsgemäßen Verwaltung, der Rechnungslegungsverpflichtung und dem Haftungsmaßstab für Vorerben
- Befreiung von Wertersatz für Raub- und Übermaßfrüchte
- Befreiung von Wertersatz für eigennützige Verwendung von Erbschaftsgegenständen
- Befreiung von der Tragung der gewöhnlichen Erhaltungskosten

Die Befreiung ist im Erbschein des Vorerben anzugeben und bei der Eintragung des Vorerben von Amts wegen im Grundbuch einzutragen.

Formulierungsbeispiel

Ich setze meinen Sohn Max zu meinem alleinigen Erben ein. Er wird jedoch nur Vorerbe. Er soll von allen gesetzlichen Beschränkungen befreit sein, soweit dies möglich und rechtlich zulässig ist. Mir ist bewusst, dass er auch dann noch weitreichenden Verfügungsbeschränkungen unterliegt, insbesondere dem sog. Schenkungsverbot, und die nachstehend getroffene Nacherbfolge nicht mehr ändern kann.

Die Rechtsstellung des Vorerben kann folglich von sehr unterschiedlicher Ausprägung sein. Der befreite Vorerbe verfügt über eine wesentlich bessere und umfangreichere Rechtsposition als ein nicht befreiter Vorerbe. Gewissen Beschränkungen bleibt der Vorerbe aber immer ausgesetzt. Gerade das Verbot unentgeltlicher Verfügungen und die damit korrespondierende Haftung stellen eine wesentliche Beschneidung der Verfügungsfreiheit des Vorerben dar. Schenkungen jeglicher Art bleiben dem Vorerben damit untersagt.

Ersatznacherbe

Wie bereits an anderer Stelle erwähnt, kann es sein, dass die vom ursprünglichen Erblasser benannten Nacherben bei Eintritt des Nacherbfalls nicht (mehr) existieren. Setzt der Erblasser beispielsweise die Abkömmlinge des Vorerben als Nacherben ein, so besteht immerhin die Möglichkeit, dass der Vorerbe nie Abkömmlinge hat oder aber die Abkömmlinge des Vorerben bereits vor Eintritt des Nacherbfalls verstorben sind. Für diese Fälle ist es zweckmäßig und sinnvoll, einen Ersatznacherben oder gar mehrere Ersatznacherben zu benennen. Dieser tritt sodann an die Stelle des eigentlich eingesetzten Nacherben.

Formulierungsbeispiel

Nacherben nach dem jeweiligen Vorerben sind die Abkömmlinge des Vorerben nach den Regeln der gesetzlichen Erbfolgeordnung. Zu Ersatznacherben berufe ich jeweils in folgender Reihenfolge:

1. eine übrigen Abkömmlinge, untereinander nach den Regeln der gesetzlichen Erbfolge
2. diejenigen Personen, die meine gesetzlichen Erben wären, wenn ich im Zeitpunkt des Eintritts des Nacherbfalls ohne Hinterlassung von Abkömmlingen gestorben wäre, untereinander nach den Regeln der gesetzlichen Erbfolgeordnung unter Ausschluss meines geschiedenen Ehegatten X, dessen einseitigen Abkömmlingen sowie dessen Verwandten aufsteigender Linie.

Vergisst der Erblasser die Einsetzung eines Ersatznacherben, so besteht die Gefahr, dass der Vorerbe unbeschränkter Vollerbe wird und die Nacherbfolge als nicht angeordnet gilt. Der ursprünglich mit der Nacherbenlösung verfolgte Zweck, nämlich den geschiedenen Ehegatten langfristig von der Teilhabe am Nachlass auszuschließen, könnte dann unter Umständen nicht mehr erreicht werden. Der Ex-Ehegatte könnte in diesem Fall mittelbar über dem zum Vollerben erstarkten Vorerben doch noch am Nachlass des ursprünglichen Erblassers teilhaben.

Herausgabevermächtnis

Eine weitere Möglichkeit, den geschiedenen Ehegatten vom Nachlass fernzuhalten, besteht darin, ein „Herausgabevermächtnis“ auszusetzen für den Fall, dass der Ex-Ehegatte nach den Kindern Erbe oder Vermächtnisnehmer wird. Mit dieser Gestaltungsvariante wird der Nachlass nach dem Tod eines Erben an eine bestimmte dritte Person weitervermacht. Das Herausgabevermächtnis bietet sich immer dann an, wenn die geschiedene Ehefrau hauptsächlich Wert darauf legt, dass ein ganz bestimmter Gegenstand nicht in die Hände ihres Ex-Ehemannes fällt, sondern Personen zufällt, die sie vorherbestimmt.

Schutz des Vermögens des Kindes

Eine geschiedene Ehefrau will in der Regel immer auch verhindern, dass der frühere Ehegatte den Nachlass der gemeinsamen Kinder verwalten kann. Das Recht und die Pflicht der elterlichen Vermögenssorge für das eheliche Kind stehen beiden Eltern gleichermaßen zu. Hieraus resultiert ein Gesamtvertretungsrecht beider Elternteile. Ist ein gemeinsames Kind noch minderjährig, stehen nach dem Tod der geschiedenen Mutter dem überlebenden Elternteil nach der gesetzlichen Regelung das Sorgerecht und folglich auch die Vermögenssorge zu. Stand das Sorgerecht ausschließlich der Mutter zu, ist es nach ihrem Tod in der Regel auf den überlebenden Elternteil – sprich den Ex-Ehemann – zu übertragen. Die Vermögenssorge besteht aus der tatsächlichen Sorge und dem Vertretungsrecht. Sie umfasst grundsätzlich das gesamte Vermögen des Kindes, wozu auch der Nachlass des verstorbenen Elternteils gehört. Die Tatsache, dass das von Todes wegen erworbene Vermögen durch den geschiedenen Ehegatten verwaltet wird, entspricht regelmäßig nicht dem Willen der geschiedenen Mutter. Um dies zu verhindern bieten sich zwei Möglichkeiten an: erstens Entzug des Verwaltungsrechts oder, zweitens, eine Verwaltungstestamentsvollstreckung.

Entzug des Verwaltungsrechts

Der Mutter der Kinder steht vor ihrem Tod die Möglichkeit offen, das elterliche Vermögenssorgerecht für Vermögensteile, die aus einem Nachlass stammen, auszuschließen und dadurch zu verhindern, dass diese Vermögensteile durch den geschiedenen Ehegatten verwaltet werden. Es handelt sich um eine familienrechtliche Anordnung. Diese Anordnung hat im Testament zu erfolgen. Die Ex-Ehefrau und Mutter muss die Entziehung des Vermögenssorgerechts im Testament nicht begründen, sie kann es aber tun.

Da das entzogene Vermögen nicht vom geschiedenen Ehegatten verwaltet werden darf, ist hierfür ein „Ergänzungspfleger" zu bestellen. Der geschiedenen Ehefrau und Mutter steht das Recht zu, die Person des Ergänzungspflegers in ihrem Testament zu benennen. Hierdurch kann sie sicherstellen, dass nur eine Person ihres Vertrauens ihren Nachlass verwaltet. Dem geschiedenen Ehegatten steht ein Bestimmungsrecht nicht zu, wohl aber eine Beschwerdemöglichkeit gegen die Pflegerbestellung. Das Betreuungsgericht kann die von der Ex-Ehefrau und Mutter genannte Person nur aus triftigen Gründen ablehnen. Sofern das Betreuungsgericht den Pfleger auswählt, darf es hierbei den geschiedenen Ehegatten nicht berücksichtigen, da dies eine Missachtung des Willens der verstorbenen Frau darstellen würde.

Formulierungsbeispiel

Gemäß § 1638 BGB schließe ich meinen geschiedenen Ehegatten Martin Stadler von der Vermögenssorge für sämtliche Vermögensgegenstände aus, welche unser gemeinsamer Sohn Anton aufgrund dieses Testaments aus meinem Nachlass erhält. Das Nämliche gilt für Vermögensgegenstände, welche zur Erfüllung von Pflichtteilsansprüchen oder Pflichtteilsergänzungsansprüchen geleistet werden. Ich bestimme für sämtliche oben bezeichneten Vermögenswerte als sorgeberechtigten Pfleger meine Schwester, Yvonne Pfaller.

Verwaltungstestamentsvollstreckung

Alternativ oder zusätzlich zum Entzug der Vermögensverwaltung kann die Anordnung einer Verwaltungstestamentsvollstreckung sinnvoll sein. Dies kann insbesondere dann der Fall sein, wenn die Ex-Ehefrau dem geschiedenen Ehegatten nicht nur das Verwaltungsrecht entziehen, sondern noch andere Gestaltungsziele verwirklichen will. Beispielsweise kann es im Interesse der Ex-Ehefrau liegen, das gemeinsame Kind auch nach Vollendung des 18. Lebensjahres vom Zugriff auf den Nachlass fernzuhalten. Der Entzug der Vermögensverwaltung endet regelmäßig mit Eintritt der Volljährigkeit des als Erben eingesetzten Kindes. Tatsächlich zeigt die Lebenserfahrung aber, dass mit Vollendung des 18. Lebensjahres bei den Kindern noch nicht die Befähigung gereift ist, mit einem größeren Vermögen verantwortlich umzugehen. Um den Zeitpunkt des Zugriffs auf das Vermögen hinauszuzögern, bietet sich deshalb eine Verwaltungstestamentsvollstreckung an. Die Freigabe des Vermögens kann an das Erreichen einer bestimmten Altersgrenze oder an den Abschluss einer Berufsausbildung gekoppelt werden.

Formulierungsbeispiel

Ich ordne Verwaltungsvollstreckung an. Der Testamentsvollstrecker hat die Aufgabe, den Nachlass in Besitz zu nehmen, ein Nachlassverzeichnis mit allen Aktiva und Passiva zu erstellen, die Grundbücher zu berichtigen, alle steuerlichen Erklärungen abzugeben, die anfallenden Steuern zu bezahlen und im Übrigen den Nachlass bis zum Ende des Jahres zu verwalten, in dem mein Sohn Albert das 27. Lebensjahr erreicht. Bis dahin hat der Testamentsvollstrecker das Vermögen nach eigenem Ermessen für den Lebensunterhalt meines Sohnes und eine bestmögliche Ausbildung meines Sohnes einzusetzen. Zum Testamentsvollstrecker ernenne ich Herrn Rechtsanwalt Robert Klug. Wenn dieser das Amt nicht annimmt oder es niederlegt, soll das Netzwerk Deutscher Testamentsvollstrecker mit Sitz in Berlin einen geeigneten Ersatztestamentsvollstrecker benennen. Der Testamentsvollstrecker erhält eine angemessene Vergütung, wobei die Vergütungsempfehlungen des Deutschen Notarvereins heranzuziehen sind. Die Mehrwertsteuer wird gesondert vergütet.

Kapitel 6

Die alleinerziehende Mutter

Eine alleinerziehende Mutter vererbt ihr Vermögen nach der gesetzlichen Erbfolge an ihre Kinder. Sie kann aber per Testament ein Kind individueller und besser absichern als ein anderes, das zum Beispiel vom Vater ein erhebliches Vermögen erben kann. Zu beachten ist, dass eine alleinerziehende Mutter, die wieder heiratet, in erheblichem Umfang vom neuen Ehegatten beerbt wird. Um sicherzustellen, dass das Vermögen am Ende den eigenen Kindern zukommt, bieten sich ehevertragliche Regelungen an, die vor der Eheschließung vereinbart werden sollten.

Hinter dem Adjektiv „alleinerziehend“ verbergen sich ganz unterschiedliche soziale und rechtliche Situationen. In einem Fall behauptet eine verheiratete Frau, sie sei faktisch „alleinerziehend“, da ihr Mann sich aufgrund seiner Geschäfte kaum um die Kinder kümmere. Dieser Fall – übrigens in der Vergangenheit durchaus der Normalfall – mag bedauernswert sein, er ist in diesem Kapitel nicht gemeint.

Doch auch im Bereich der „echten“ alleinerziehenden Mütter muss man sehr klar unterscheiden, um welche realen und rechtlichen Lebenssituationen es sich im Einzelfall handelt. In einem Fall leben die Kinder bei der Mutter, doch der Vater zahlt über seine gesetzliche Verpflichtung hinaus für die Kinder, er beteiligt sich an der Erziehungsarbeit und kümmert sich gemeinsam mit der Mutter um alle anstehenden Fragen wie Fußballverein und Fahrrad, Schulwechsel, Zeltlager und Schultheater, Urlaub mit den Kindern und Schulbesuch im Ausland. In einem anderen Fall ist der Vater unbekannt, verschwunden und weder als Alimente-Zahler noch als Sorge- und Erziehungsberechtigter aktiv. In einem dritten Fall ist die alleinerziehende Mutter mit einem neuen Partner verheiratet – in diesem Fall erben die Kinder der Frau nach deren Tod neben dem neuen Ehegatten.

Gesetzliche Erbfolge

Generell gilt für die alleinerziehende Mutter, die nicht wieder verheiratet ist, das Verwandtenerbrecht. Nach der gesetzlichen Erbfolge wird sie ausschließlich von einem Kind allein oder mehreren Kindern zu gleichen Teilen beerbt. Angenommen, dies ist genau das Ergebnis, das die Mutter erzielen will, braucht sie kein Testament zu schreiben. Die gesetzliche Erbfolge entspricht in diesem Fall exakt ihrem Willen. Vor allem dann, wenn eine alleinerziehende Mutter ein Kind hat und diesem Kind ihre Erbschaft hinterlassen will, ist kein Testament erforderlich (es sei denn, die Frau will anderen Personen Vermächtnisse zukommen lassen).

Das Testament der alleinerziehenden Mutter

Wenn jedoch die Mutter befürchtet, dass die Erbengemeinschaft ihrer Kinder nach ihrem Tod das Erbe nicht vernünftig verteilen kann (etwa weil ihre Kinder zerstritten sind) und wenn sie beispielsweise einem Kind ihr Haus, einem anderen Kind Aktien und ihrem unverheirateten Partner ein Wohnrecht in ihrem Haus hinterlassen will, dann ist sie gut beraten, ein rechtlich unangreifbares Testament zu errichten.

Formulierungsbeispiel

Testament

Meine beiden Kinder Bettina und Konrad setze ich als alleinige Erben zu gleichen Teilen ein. Bettina erhält mein Haus in ..., in dem sie bereits eine Wohnung bewohnt, Konrad mein Aktienpaket bei der ...-Bank.

Mein Partner, Rudolf Müller, der mit mir die andere Wohnung in meinem Haus bewohnt, erhält als Vermächtnis ein lebenslanges Wohnrecht in dieser Wohnung.

Damit meine Kinder mich zu exakt gleichen Teilen beerben, verfüge ich, dass zwölf Monate nach meinem Tod das Haus (abzüglich Wohnrecht) und das Aktienpaket bilanziert werden. Je nachdem, wer in Form von Immobilie oder Aktien mehr Vermögen erhalten hat, ist verpflichtet, dem anderen Erben anteilig eine Geldleistung als Ausgleich zu zahlen.

Zur korrekten Abwicklung der Transaktion setze ich als Testamentsvollstrecker Frau Rechtsanwältin... in ... ein.

Ort, Datum, Vorname Nachname

Pflichtteilsrecht beachten

Außerordentlich sinnvoll ist ein Testament auch immer dann, wenn die soziale Situation der Kinder einer alleinerziehenden Frau sich stark unterscheidet. Davon kann man ausgehen, wenn der Vater eines Kindes ein vermögender Mann ist, während der Vater eines anderen Kindes völlig mittellos ist. Wenn also das eine Kind vom Vater schon zu Lebzeiten Schenkungen erhält und nach dem Tod des Vaters noch einmal ein Vermögen einstreichen kann, ist es absolut fair, wenn die Mutter versucht, mit ihrem eigenen Vermögen zugunsten des armen Kindes wenigstens ansatzweise einen Ausgleich zu schaffen, damit ihre Kinder halbwegs so etwas wie die vielbeschworene „Chancengleichheit“ erfahren.

In diesem Zusammenhang ist das Pflichtteilsrecht zu beachten. Wenn die Mutter ihr Vermögen per Testament ausschließlich einer mittellosen Tochter zukommen lässt, kann der reiche Sohn den Pflichtteil verlangen (das ist der halbe Erbteil). Mit anderen Worten: Auch dann, wenn die Mutter den Sohn zu 100 Prozent enterbt, kann er – vorausgesetzt es gibt zwei Kinder – 25 Prozent der gesamten Erbschaft fordern. Nur bei Schenkungen zu Lebzeiten verhält es sich etwas anders: In diesem Fall wird von „Pflichtteilsergänzungsansprüchen“ gesprochen, die der Sohn nach dem Tod der Mutter geltend machen kann. Allerdings schmelzen diese Ansprüche in den zehn Jahren vor dem Tod der Mutter pro Jahr um zehn Prozent ab, wenn die Schenkungen bedingungslos und ohne Gegenleistung erfolgen. Nach zehn Jahren existiert dann kein Pflichtteilsergänzungsanspruch mehr.

Beispiel

Die alleinerziehende Mutter Margarete Tauber hat den Sohn Ludwig, dessen Vater ein vermögender Unternehmer ist, und die Adoptivtochter Martina, deren Vater nicht bekannt ist, keine Alimente zahlt und sich nicht um die Tochter kümmert.
Ludwig erhält von seinem Vater bereits zu Lebzeiten Anteile an seinem Unternehmen, Aktienpakete und eine geräumige Eigentumswohnung in Hamburg, insgesamt rund zwei Millionen Euro.
Margarete Tauber verfügt aufgrund ihrer Tätigkeit als Gymnasiallehrerin und einer beachtlichen Erbschaft über ein eigenes Vermögen in Höhe von einer Million Euro. Um ihr Vermögen ihrer Tochter zu übertragen, lässt sie sich von einem Fachanwalt für Erbrecht beraten. Der Anwalt macht sie auf die Pflichtteilsproblematik aufmerksam. Er erklärt ihr auch, dass Schenkungen unter Wohnrechts- und Nießbrauchvorbehalt nicht immer dazu führen, dass der Pflichtteilsanspruch abschmilzt.

Auf Anraten des Anwalts sucht Margarete Tauber das Gespräch mit ihrem Sohn Ludwig, der sich bereiterklärt, zugunsten seiner Schwester Martina ohne Gegenleistung auf seinen Pflichtteil zu verzichten. Der Pflichtteilsverzicht wird notariell beurkundet.
Margarete Tauber errichtet ein Testament, nach dessen Bestimmungen sie ausschließlich von ihrer Tochter Martina beerbt wird.

Die Berechnung des Pflichtteilsanspruchs und die Begrenzung des Pflichtteilsrisikos ist ausführlich in Kapitel 3 dargestellt.

Absicherung minderjähriger Kinder

In einem Testament sollte eine alleinerziehende Mutter, die über das alleinige Sorgerecht für ihre minderjährigen Kinder verfügt, bestimmen, wer im Falle ihres Todes Vormund der Kinder werden sollte. Dies ist jedoch nur möglich, wenn sie das alleinige Sorgerecht hat. Ansonsten wird automatisch der Vater des Kindes nach dem Tod der Mutter alleiniger Sorgeberechtigter. Wenn beide Elternteile die gemeinsame elterliche Sorge haben, können sie nur gemeinsam testamentarisch einen Vormund bestellen.

Experten-tipp

Übrigens nutzt ein Testament wenig, wenn die alleinerziehende Mutter – etwa nach einem schweren Unfall, nach einer großen Operation oder infolge einer schweren Erkrankung – ihr Sorgerecht temporär oder auf Dauer nicht wahrnehmen kann. Für diesen Fall sollte die alleine sorgeberechtigte Frau per Vollmacht einen Vormund bestimmen. Eine solche Vollmacht sollte vor einem Notar errichtet werden, denn nur unter dieser Voraussetzung wird die Vollmacht problemlos von Behörden und Banken akzeptiert.

Dauertestamentsvollstreckung

Ein gewaltiges Problem stellt im Zusammenhang mit dem Tod einer alleinerziehenden Mutter der Zugriff des Kindsvaters auf das Vermögen der Mutter dar. Sofern das oder die Kinder noch minderjährig sind, muss sich die Mutter darüber klar sein, dass dem geschiedenen Ehegatten das Sorgerecht übertragen wird und er damit mittelbar Einfluss auf das Vermögen der verstorbenen Ehefrau nimmt. Als Sorgeberechtigter kann er über das Vermögen verfügen, Geld ausgeben und für eigene Zwecke missbrauchen (der Nachweis, dass Gelder veruntreut wurden, ist später von den erwachsen gewordenen Kindern in einem Prozess gegen den Vater kaum zu führen). Außerdem gilt es zu bedenken, dass die Kinder in der Regel mit Erreichen der Volljährigkeit noch nicht über die nötige Reife verfügen, um mit höherem Vermögen angemessen umzugehen. Zur Handhabung dieser Problematik empfiehlt sich die Anordnung einer Dauertestamentsvollstreckung über das 18. Lebensjahr hinaus.

Vor- und Nacherbschaft

Sind die Kinder noch minderjährig, tauchen zusätzliche Probleme auf. Zum einen besteht erneut die Möglichkeit, dass bei einem Tod eines Kindes, das noch keine eigenen Kinder hat, der Vater als Erbe an das Vermögen gelangt. Minderjährige können erst ab 16 Jahre vor einem Notar ein Testament errichten und damit den leiblichen Vater enterben. Es liegt auf der Hand, dass nur ein vernichtend geringer Teil der 16-Jährigen von diesem Recht Gebrauch macht. Außerdem liegt die Enterbung des eigenen leiblichen Vaters nicht immer im Interesse der Kinder. Hier kann mit der Bestimmung einer Vor- und Nacherbschaft gearbeitet werden, um eine Erbschaft des Vaters zu unterbinden.

Versorgung erwachsener Kinder

Eine alleinerziehende Mutter kann ihre erwachsenen Kinder problemlos als Erben einsetzen, ohne dass der leibliche Vater auf das geerbte Vermögen direkt Zugriff hätte. Wenn die Mutter nach der Scheidung wieder heiratet, muss sie sich darüber klar werden, dass der zweite Ehemann ohne Testament neben den Kindern die Hälfte ihres Nachlasses erbt und auch noch als per Testament enterbte Person einen Pflichtteilsanspruch geltend machen kann. Das bedeutet, dass ein erheblicher Teil des Vermögens an den neuen Ehegatten abwandert.

Expertentipp

Um zu verhindern, dass ein erheblicher Teil des Vermögens in die Taschen eines neuen Ehemanns fließt, sollte eine alleinerziehende Mutter vor der Heirat mit dem neuen Ehegatten einen entsprechenden Ehevertrag oder einen Pflichtteilsverzicht vereinbaren. Aber Vorsicht: Sowohl Ehevertrag als auch Pflichtteilsverzicht müssen vor einem Notar abgeschlossen werden.

Sollten die Kinder selbst noch kinderlos sein, besteht die Gefahr, dass bei deren Versterben der Vater an dem Vermögen Erbansprüche oder Pflichtteilsansprüche geltend machen kann. Zur Vermeidung dieser Gefahrenquelle kann auch hier eine Vor- und Nacherbschaft angeordnet werden oder mit einem Herausgabevermächtnis gearbeitet werden.

Kapitel 7

Das Testament zum Schutz von „Problemkindern“

Behinderte, überschuldete und bedürftige Kinder lassen sich per Testament finanziell absichern. Das Kapitel behandelt die jeweiligen Problemsituationen und zeigt anhand von beispielhaften Formulierungen, welche Regelungen sinnvoll sein können. Um für den jeweiligen Einzelfall die optimalen Regelungen und juristisch unangreifbare Formulierungen zu finden, ist es erforderlich, das Testament von einem Erbrechtsexperten erstellen zu lassen.

Vorsorge für ein geistig behindertes Kind

In einigen Fällen müssen Eltern oder Elternteile für ein behindertes Kind vorsorgen. Unter dem Stichwort „Behindertentestament“ werden letztwillige Verfügungen zur Versorgung behinderter Kinder diskutiert. Die Ausgangslage stellt sich in der Regel so dar, dass ein Kind wegen einer schweren geistigen oder körperlichen Behinderung auf Dauer nicht in der Lage ist, seinen Lebensunterhalt ganz oder vollständig aus eigener Erwerbstätigkeit zu bestreiten.

Abwehr des Sozialhilferegresses

Zu Lebzeiten der Eltern werden diese Kinder zumeist ausreichend durch diese versorgt. Spätestens mit deren Ableben sind die Kinder jedoch vollständig auf staatliche Hilfe angewiesen. Diese Unterstützung wird häufig in einer stationären Einrichtung, wie beispielsweise einer behindertengerechten Wohneinrichtung oder Werkstätte, erbracht. Damit gehen regelmäßig sehr hohe Kosten einher, die die Eigenmittel des behinderten Kindes weit übersteigen. Im Falle des Ablebens eines Elternteils greift der Sozialhilfeträger dann auf das ererbte Vermögen zu, gleich, ob es aus einem Pflichtteilsanspruch oder einem Erbanspruch resultiert. Der vollständige Einsatz jeglicher Eigenmittel ergibt sich aus dem so genannten „Nachrangprinzip“ der Sozialhilfe. Dies bedeutet, dass zunächst alle vorhandenen Vermögensbestandteile des sozialhilfebedürftigen Menschen eingesetzt und aufgebraucht werden müssen, bevor die Sozialhilfe greift.

Häufig ist es so, dass neben dem behinderten Kind noch ein weiteres oder mehrere Kinder existieren, die nicht behindert sind. Das Interesse der Eltern geht meistens dahin, dass zum einen das Familienvermögen erhalten bleibt, zum anderen aber dem behinderten Kind zur Verbesserung von dessen Lebensqualität Vermögen zufließt, auf das der Sozialhilfeträger nicht zugreifen kann. Diese beiden Ziele sollen mittels eines so genannten „Behindertentestaments“ verwirklicht werden.

Sofern keine weiteren, nicht behinderten Kinder vorhanden sind, entspricht es oft dem Wunsch der Eltern, dass das Vermögen einer Behindertenorganisation zugeführt wird, oder aber einer sonstigen gemeinnützigen Stiftung oder Einrichtung, und nicht der allgemeinen Sozialhilfe zufällt.

Expertentipp

Im Fokus der Eltern steht regelmäßig nicht der Wille, den Sozialhilfeträger zu umgehen und damit die Allgemeinheit für den Unterhalt des behinderten Kindes aufkommen zu lassen. Vielmehr geht es darum, den Lebensstandard des behinderten Kindes über den allgemeinen Sozialhilfestandard hinaus aufzuwerten und das private Vermögen für die anderen, nicht behinderten Geschwister zu erhalten.

Wie bereits erwähnt, springt die Sozialhilfeverwaltung erst dann ein, wenn das bedürftige Kind sich durch Einsatz seines Vermögens nicht mehr selbst helfen kann und auch keine Leistungen mehr von Angehörigen erhält. Zum einzusetzenden Vermögen gehört auch das Vermögen, das der Hilfeempfänger durch eine Erbschaft oder einen Pflichtteilsanspruch erwirbt. Einzusetzen ist hierbei das komplette Vermögen, soweit es nicht „Schonvermögen" darstellt. Hierzu zählen insbesondere ein angemessenes Hausgrundstück und kleinere Bargeldbeträge. Häufig glauben die Eltern, den Zugriff der Sozialhilfeverwaltung auf das Nachlassvermögen dadurch vermeiden zu können, dass sie ihr behindertes Kind schlichtweg enterben und auf den Pflichtteil setzen. Das ist jedoch ein Irrglaube!

Expertentipp

Leistungsansprüche des behinderten Kindes gegen dritte Personen, insbesondere Unterhaltsansprüche und Pflichtteilsansprüche, kann der Sozialhilfeträger auf sich überleiten! Dies bedeutet, dass der Sozialhilfeträger ganz einfach die Pflichtteilsansprüche gegen den verstorbenen Elternteil geltend macht, die der Behinderte selbst, sollte er das abschätzen können, niemals geltend machen würde, da sie sowieso an den Sozialhilfeträger abfließen.

Die Erben des behinderten Kindes sind nach sozialhilferechtlichen Grundsätzen zum Ersatz der Kosten der Sozialhilfe verpflichtet, die innerhalb von zehn Jahren vor dem Erbfall aufgewendet worden sind. Mit dem Tod des behinderten Kindes verliert bisheriges Schonvermögen diese Eigenschaft. Folglich steht fest, dass die Eltern ihr behindertes Kind immer auch zu Erben einsetzen müssen, wenn sie einen Zugriff der Sozialhilfeverwaltung auf ihr Vermögen vermeiden wollen. Allerdings hat dies in einer ganz bestimmten Art und Weise zu geschehen, wie nachfolgend noch im Detail dargestellt wird.

Expertentipp

Nach herrschender Meinung kann der Sozialhilfeträger die Möglichkeit, das Erbe auszuschlagen und unter gewissen Voraussetzungen den Pflichtteil geltend zu machen, nicht überleiten, da es sich um ein höchstpersönliches Gestaltungsrecht handelt und nicht um einen Anspruch!

Schutz mittels Vor- und Nacherbschaft

Das Grundprinzip eines „Behindertentestaments“ liegt darin, dass der erbrechtliche Vermögenserwerb vor dem Zugriff des Sozialhilfeträgers geschützt werden soll, wobei selbstverständlich nur solche Gestaltungsmittel infrage kommen, die einen Vollstreckungsschutz gegenüber dem Sozialhilfeträger garantieren. Zur Erreichung dieses Zieles sind hierfür die Vor- und Nacherbschaft geeignet, kombiniert mit einer Testamentsvollstreckung. Bei der Vor- und Nacherbschaft wird das Nachlassvermögen vor der Verwertung durch den

Sozialhilfeträger geschützt. Alle Versuche des Sozialhilfeträgers, das Vermögen während der Dauer der Vorerbschaft zu verwerten, sind unzulässig.

Schutz durch Testamentsvollstreckung

Durch die Testamentsvollstreckung ist wiederum sichergestellt, dass der Sozialhilfeträger keinen Zugriff auf die der Verwaltung des Testamentsvollstreckers unterliegenden Nachlassgegenstände hat. Infolgedessen stellt der einer Dauertestamentsvollstreckung unterliegende Nachlass kein verwertbares Vermögen für den Sozialhilfeträger dar. Zu den Grundprinzipien eines Behindertentestaments gehört ferner die Anweisung in der letztwilligen Verfügung an den Testamentsvollstrecker, dem behinderten Kind zur Verbesserung seines Lebensstandards aus dem Nachlass Leistungen zukommen zu lassen, auf die der Sozialhilfeträger nicht zugreifen kann.

Die Standardlösung für Eltern mit behinderten und nichtbehinderten Kindern sieht deshalb vor, die nicht behinderten Kinder auf den Tod des länger lebenden Ehegatten zum Schlusserben einzusetzen, wohingegen das behinderte Kind bereits auf den Tod des erststerbenden Ehegatten zum nichtbefreiten Vorerben eingesetzt wird. Auch auf den Tod des länger lebenden Ehegatten wird das behinderte Kind zum nichtbefreiten Vorerben eingesetzt. Zum Nacherben werden jeweils die Geschwister des behinderten Kindes bestimmt. Sollten solche nicht existieren, werden häufig andere Verwandte, eine bestimmte Behindertenorganisation oder sonstige gemeinnützige Einrichtungen eingesetzt. Außerdem wird eine Dauertestamentsvollstreckung angeordnet und der Testamentsvollstrecker angewiesen, dem behinderten Kind aus den Erträgnissen des Erbteils zu bestimmten Anlässen oder für bestimmte Zwecke Geldmittel zukommen zu lassen, die seinen Lebensstandard verbessern.

Verbesserung der Lebenssituation des Behinderten

Durch die Anordnung der Nacherbschaft wird das dem behinderten Kind zugewendete Vermögen zu seinen Lebzeiten vor dem Zugriff des Sozialhilfeträgers geschützt. Zudem wird mit dieser Maßnahme verhindert, dass der ererbte Nachlass mit dem Tod des behinderten Kindes auf dessen Erben übergeht und damit dem Kostenersatz des Sozialhilfeträgers unterfällt. Durch die Anordnung der Dauertestamentsvollstreckung wird wiederum der Zugriff auf die der Verwaltung des Testamentsvollstreckers unterliegenden Gegenstände und insbesondere auch Erträgnisse ausgeschlossen und sozialhilferechtlich nicht verwertbares Vermögen geschaffen. Um die Lebenssituation des behinderten Kindes nachhaltig zu verbessern, wird der Testamentsvollstrecker in der letztwilligen Verfügung angewiesen, die Erträgnisse an das behinderte Kind so auszubezahlen, dass der Sozialhilfeträger auf die Erträgnisse nicht zugreifen kann.

Behindertentestament nicht sittenwidrig

In mittlerweile mehreren höchstrichterlichen Entscheidungen des Bundesgerichtshofs wurde festgestellt, dass eine derartige Konstruktion kein sittenwidriges Vorgehen darstellt. Der Bundesgerichtshof hat lediglich angedeutet, dass dann von einer Sittenwidrigkeit zulasten der Allgemeinheit ausgegangen werden könnte, wenn ein derart beträchtliches Vermögen hinterlassen wird und der Pflichtteil des behinderten Kindes so hoch ist, dass aus dem Pflichtteil oder sogar nur aus den Erträgnissen die Versorgung des Behinderten sichergestellt werden könnte. Von einer Sittenwidrigkeit kann allerdings nur dann ausgegangen werden, wenn der Ausschluss des Sozialhilfeträgers angesichts des überragenden Nachlasswertes und der Vermögensverhältnisse der betroffenen Familie „grob missbräuchlich" erscheint. In allen „normalen" Fällen wird sich das oben dargestellte Konstrukt als tragfähig und sicher erweisen.

Formulierungsbeispiel

Testament

Ich bin verwitwet und habe drei Kinder, nämlich Martin, Tamara und Peter. Martin ist sowohl körperlich als auch geistig behindert. Ich bin nicht durch einen Erbvertrag oder anderweitig an der Errichtung dieser Verfügung von Todes wegen gehindert. Vorsorglich hebe ich alle bisher von

mir getroffenen Verfügungen von Todes wegen in vollem Umfang auf und widerrufe diese.
Ich bestimme zu meinen Erben meine gemeinschaftlichen Kinder Martin, Tamara und Peter unter sich zu gleichen Teilen. Sollte einer der genannten Erben nicht zur Erbfolge gelangen, bestimme ich als Ersatzerben die jeweils anderen.
Martin wird jedoch nur Vorerbe. Der Vorerbe wird von allen Beschränkungen befreit, soweit gesetzlich möglich. Nacherben auf den Tod von Martin werden meine anderen Abkömmlinge Tamara und Peter unter sich zu gleichen Teilen. Der Nacherbfall tritt mit dem Tod des Vorerben ein. Sofern Tamara und Peter nicht Nacherbe werden wollen oder können, diese also beispielsweise von ihrem Ausschlagungsrecht Gebrauch machen oder vor mir versterben, bestimme ich an deren Stellen deren Abkömmlinge als Ersatznacherben unter sich zu gleichen Teilen. Die Ersatznacherbeneinsetzung ist jedoch auflösend bedingt für den Fall, dass der Nacherbe sein Anwartschaftsrecht auf den Vorerben überträgt, so dass dann die Ersatznacherbfolge erlischt.
Im Bewusstsein, dass Martin wegen seiner Behinderung nicht in der Lage sein wird, für seine Angelegenheiten selbst zu sorgen, insbesondere die ihm durch die Erbeinsetzung zukommenden Vermögenswerte nicht selbst verwalten kann, ordne ich für die Verwaltung des Erbteils von Martin Testamentsvollstreckung in Form einer Dauertestamentsvollstreckung an.
Zum Testamentsvollstrecker über den Erbteil von Martin berufe ich Tamara. Für den Fall, dass Tamara vor oder nach der Annahme des Amtes – auch durch eigene Kündigungsentscheidung – als Testamentsvollstrecker wegfällt, benenne ich Peter zum Ersatztestamentsvollstrecker. Wiederum ersatzweise bestimme ich, dass ein vom Nachlassgericht ausgewählter Testamentsvollstrecker die Aufgaben übernehmen soll. Um eine ordnungsgemäße Testamentsvollstreckung zu gewährleisten, weise ich das Nachlassgericht an, den Testamentsvollstrecker aus dem Netzwerk Deutscher Testamentsvollstrecker e. V, Berlin, auszuwählen. Der Testamentsvollstrecker ist von den Beschränkungen des § 181 BGB befreit. Eine Ver-

gütung erhält er nur dann, wenn er vom Nachlassgericht ausgewählt wird. Er ist dann nach der Möring'schen Tabelle zu vergüten.
Die Aufgabe des Testamentsvollstreckers ist die Verwaltung des Martin zustehenden Erbteils und somit im Zusammenwirken mit den anderen Miterben die Verwaltung des gesamten Nachlasses. Dem Testamentsvollstrecker stehen dabei alle Verwaltungsrechte zu, die auch Martin zustehen. Über den Erbteil selbst darf der Testamentsvollstrecker nicht verfügen. Er hat den Erbteil des Vorerben einschließlich der Erträge und Nutzungen zu verwalten und ist zur Verwaltung des Nachlasses in Gemeinschaft mit den anderen Miterben berechtigt und verpflichtet. Nach Teilung des Nachlasses setzt sich die Testamentsvollstreckung an den Martin zugewiesenen Vermögenswerten fort.

Ort, Datum, Vorname Nachname

Experten-tipp

Die Formulierung eines Behindertentestaments ist eine höchst komplexe Angelegenheit, die durch einen Laien nicht erfolgen kann, zumal zu bedenken ist, dass eine auf jeden Einzelfall zugeschnittene individuelle Lösung zu finden und zu formulieren ist. Es ist deshalb in jedem Fall anzuraten, einen geeigneten Fachberater mit der Abfassung eines entsprechenden Testaments zu beauftragen.

Vorsorge für ein körperlich behindertes Kind

Etwas einfacher kann sich die Gestaltung eines Testaments erweisen, wenn das Kind nicht geistig behindert ist, sondern körperlich und deshalb seinen Lebensunterhalt nicht aus eigener Erwerbstätigkeit bestreiten kann. Für diesen Fall kann bereits zu Lebzeiten ein Pflichtteilsverzicht mit dem behinderten

Kind abgeschlossen werden. Darüber hinaus können dem Kind gewisse Leistungen über eine letztwillige Verfügung zugeordnet werden, die über eine Testamentsvollstreckung dem Zugriff des Sozialhilfeträgers entzogen werden. Es entspricht höchstrichterlicher Rechtsprechung, dass ein derartiger Pflichtteilsverzicht nicht sittenwidrig ist.

Neben der oben skizzierten Standardlösung gibt es in der juristischen Praxis noch weitere andere Lösungsvarianten, auf die hier nicht weiter eingegangen werden soll. Dies bleibt der Beratung durch einen geeigneten Fachmann vorbehalten.

Vorsorge für ein überschuldetes Kind

Die Anzahl der Privatinsolvenzen hat in den letzten Jahren massiv zugenommen. Ein immer häufiger anzutreffendes Problem im Rahmen der Testamentsgestaltung ist deshalb der Fall, dass eines oder das einzige Kind überschuldet ist, kurz vor dem privaten Insolvenzverfahren steht oder sich bereits mitten im Insolvenzverfahren befindet.

Beispiel

Eine verwitwete Frau hat aus ihrer Ehe mit ihrem verstorbenen Mann drei Kinder, Bodo, Christina und Karl. Karl hat sich vor einigen Jahren mit einer Computerfirma selbstständig gemacht und dabei Schiffbruch erlitten. Die Firma ist mittlerweile abgewickelt, es bestehen allerdings aus der Insolvenz noch hohe private Verbindlichkeiten. Karl steht kurz vor der Einleitung eines privaten Insolvenzverfahrens mit anschließender Restschuldbefreiung.
Die Mutter pflegt zu allen drei Kindern ein gutes Verhältnis. Sie sieht die Gefahr, dass sich die Gläubiger des überschuldeten Sohnes aus dem Erbteil oder Pflichtteil im Falle ihres Ablebens befriedigen könnten und für Sohn Karl nichts mehr übrig bleibt. Grundsätzlich ist es ihr Wunsch, auch dem insolventen Sohn sein Erbteil zu erhalten, jedoch den Zugriff der Gläubiger auf das Erbe des überschuldeten Sohnes zu vermeiden.

Schutz vor Gläubigern des Kindes

Es liegt auf der Hand, dass ein überschuldeter Sohn nicht Erbe werden darf. In die Insolvenzmasse fließt nämlich alles, was der Schuldner bei Insolvenzeröffnung besitzt und auch das, was er nach Eröffnung erlangt. Dazu gehört auch eine Erbschaft. Dies wäre dann unproblematisch, wenn der Erbfall erst nach Abschluss des Insolvenzverfahrens und eingetretener Restschuldbefreiung eintritt und die Erbschaft dem überschuldeten Sohn erst in diesem Stadium anfällt. Für diesen Fall haben Altgläubiger keinen Zugriff auf die Erbschaft. Nun ist es aber so, dass man den Zeitpunkt seines eigenen Ablebens in aller Regel nicht vorhersehen kann. Infolgedessen ist es sinnvoll, für den Fall vorzusorgen, dass bei einem Erbfall in der kritischen Phase, also in der Zeit des laufenden Insolvenzverfahrens oder der so genannten Wohlverhaltensperiode, der Nachlass vor dem Zugriff der Gläubiger geschützt wird.

Restschuldbefreiung

Der überschuldete Sohn wird zugleich mit dem Antrag auf Eröffnung des Insolvenzverfahrens die Restschuldbefreiung beim Insolvenzgericht beantragen. Sodann wird das Insolvenzverfahren eröffnet und ein Treuhänder bestimmt. Das Gericht stellt daraufhin die Restschuldbefreiung in Aussicht. Das Insolvenzverfahren wird danach aufgehoben. Hieran schließt sich die so genannte Wohlverhaltensperiode für einen Zeitraum von sechs Jahren nach Insolvenzeröffnung an. Nach Ablauf dieser Zeitspanne beschließt das Gericht die Erteilung der Restschuldbefreiung. Vermögen, das der Schuldner während der Wohlverhaltensperiode erwirbt, gehört dem Schuldner uneingeschränkt, allerdings hat er wichtige Obliegenheiten zu erfüllen. Vor allem hat er Vermögen, das er von Todes wegen erwirbt, zur Hälfte an den Treuhänder und damit an die Gläubiger herauszugeben. Sofern der Schuldner gegen diese Obliegenheiten verstößt, kann ihm die Restschuldbefreiung versagt werden. Wird ihm allerdings die Restschuldbefreiung erteilt, wird er gegenüber allen Gläubigern von seinen Verbindlichkeiten frei.

Ausschlagung der Erbschaft

Sofern ein überschuldetes „Problemkind" ganz schlicht zum Miterben gemeinsam mit seinen Geschwistern eingesetzt wird und der Todesfall in der kritischen Phase des Insolvenzverfahrens oder in der Wohlverhaltensperiode eintritt, kann das Kind die Erbschaft ausschlagen. Die Entscheidung über Annahme oder Ausschlagung der Erbschaft steht alleine dem Schuldner zu. Ein Mitspracherecht des Treuhänders oder des Insolvenzgerichts besteht nicht. Diese höchstpersönliche Entscheidung des Schuldners ist unanfechtbar. Die Ausschlagung der Erbschaft stellt auch keinen Obliegenheitsverstoß dar, der zur Versagung der Restschuldbefreiung führen könnte. Tatsächlich ist die Ausschlagung aber keine vernünftige Lösung.

Schlägt das überschuldete Kind das Erbe aus, bekommt es nichts, auch keinen Pflichtteil. Aus Sicht des überschuldeten Kindes wäre es in dieser Situation besser, das Erbe anzunehmen, um wenigstens die Hälfte des geerbten Vermögens zu behalten und die andere Hälfte dem Treuhänder herauszugeben. Eine Variante, um den Zugriff der Gläubiger zu vermeiden, besteht darin, dass ein Elternteil in seinem Testament das Problemkind enterbt. Diesem bliebe dann noch sein Pflichtteilsanspruch. Hier stellt sich die Frage, ob das überschuldete Kind gegenüber seinen Gläubigern und dem Treuhänder verpflichtet ist, diesen Pflichtteilsanspruch geltend zu machen, und dadurch sozusagen „Masse" für die Gläubiger zu schaffen. Eine solche Verpflichtung besteht allerdings nicht. Macht der Schuldner die Pflichtteilsansprüche nicht geltend, so ist darin auch keine Obliegenheitsverletzung zu sehen, die zu einer Versagung der Restschuldbefreiung führen könnte. Wäre der Schuldner verpflichtet, diesen Anspruch zwingend geltend zu machen, um seinen Obliegenheitsverpflichtungen nachzukommen, könnte dies zu einer internen Konfliktsituation führen, die dem Schuldner bei Abwägung seiner persönlichen Interessen gegen die der Insolvenzgläubiger nicht zuzumuten ist.

Enterbung des überschuldeten Kindes

Die vollständige Enterbung des überschuldeten Sohnes stellt folglich eine Möglichkeit dar, den Nachlass vor dem Zugriff der Gläubiger des Pflichtteilsberechtigten zu schützen. Solange der Pflichtteilsanspruch nicht geltend gemacht wird, besteht keine Möglichkeit der Verwertung des Anspruchs durch die Gläubiger. Das überschuldete Kind kann in diesem Fall durch schlichte Untätigkeit den Gläubigerzugriff verhindern. Für den Fall, dass es sich aber dafür entscheidet, den Pflichtteilsanspruch geltend zu machen, muss es auch in diesem Fall die Hälfte des erworbenen Vermögens an den Treuhänder abführen. Es geht erneut ein nicht unerheblicher Anteil des Nachlassvermögens verloren. Macht das überschuldete Kind den Pflichtteilsanspruch nicht geltend, erhält es gar nichts, was nicht in seinem eigenen Interesse liegt. Insofern stellt auch diese Vorgehensweise keine geeignete Lösung der bestehenden Problematik dar.

Vermögenstrennung mittels Vor- und Nacherbfolge

Auch bei einer Überschuldung eines Kindes gibt es diverse Möglichkeiten, diesem Problem beizukommen. Die gängigste Lösung liegt, ähnlich wie beim Behindertentestament, in der Anordnung einer Vor- und Nacherbfolge im Hinblick auf den Erbteil des überschuldeten Kindes. Das überschuldete Kind wird zum Vorerben eingesetzt, als Nacherben können die Abkömmlinge des insolventen Kindes benannt werden, ersatzweise die Geschwister. Mit der Bestimmung des insolventen Kindes zum Vorerben ist der Nachlass bis zum Eintritt der Nacherbfolge vor dem Zugriff der Gläubiger geschützt. Dies gilt allerdings nicht für die Früchte, die der Nachlass während der Zeit der Vorerbschaft abwirft.

Gläubigerschutz mittels Testamentsvollstreckung

Um auch die Früchte des Nachlasses vor dem Zugriff der Gläubiger zu schützen, bedarf es einer weiteren Maßnahme, nämlich der Einrichtung einer Testamentsvollstreckung. Im Unterschied zu der Situation eines behinderten Kindes kommt hier aber die Besonderheit hinzu, dass das insolvente Kind nach Ablauf der Wohlverhaltensphase und Erteilung der Restschuldbefreiung wieder uneingeschränkt Vermögen erwerben kann. Wenn die Vor- und Nacherbfolge mit Testamentsvollstreckung aber auch noch nach Eintritt der Restschuldbefreiung Bestand hat, ist dies für das insolvente Kind unangenehm, weil die damit verbundenen Beschränkungen eigentlich in dieser Phase nicht mehr gewollt sind. Es muss also versucht werden, die Beschränkungen nach erteilter Restschuldbefreiung aufzuheben. Die einfachste Möglichkeit wäre hier, dass der Vorerbe und die Nacherben zu gegebener Zeit die Beschränkungen rechtsgeschäftlich aufheben und entfallen lassen. Dies kann dadurch geschehen, dass die Nacherben die Nacherbschaft ausschlagen oder aber ihre Nacherbenanwartschaften auf den Vorerben übertragen. Der eingesetzte Testamentsvollstrecker könnte sein Amt niederlegen. Diese Möglichkeiten stehen den Beteiligten immer offen. Es ist allerdings fraglich, ob diese dann auch bereit sind, alle Schritte mitzugehen. Immerhin geben die Nacherben erhebliche Rechte auf.

Es gibt auch noch andere Gestaltungsvarianten. Letztendlich ist die Abfassung eines solchen Testaments sehr komplex und mit zahlreichen Schwierigkeiten verbunden, die nur mit einem Erbrechtsexperten geklärt werden können.

Formulierungsbeispiel

Testament

I. Erbeinsetzung

Ich setze hiermit meine vorgenannten Kinder zu gleichen Teilen zu meinen Erben ein.

Ersatzerben sind dessen/deren jeweilige Abkömmlinge zu unter sich gleichen Teilen nach Stämmen. Sollten keine Abkömmlinge vorhanden sein oder sollten diese die Erbschaft ausschlagen, so bestimme ich zum Ersatzerben ..., wiederum ersatzweise ...

II. Vor- und Nacherbschaft

Soweit mein Sohn Paul zu einem Zeitpunkt Erbe wird, zu dem er sich noch in der Insolvenz befindet beziehungsweise zudem die Restschuldbefreiung noch nicht erfolgt sein sollte, ist er nur nichtbefreiter Vorerbe.

Nacherben sind seine Abkömmlinge zu unter sich gleichen Teilen nach Stämmen. Sollten keine Abkömmlinge vorhanden sein oder sollten sämtliche Abkömmlinge die Nacherbschaft ausschlagen, so sind Ersatznacherben meine Kinder Bertin und Catherine zu gleichen Teilen, wiederum ersatzweise deren Abkömmlinge.
Die Nacherbfolge tritt ein mit dem Tod des Vorerben sowie mit rechtskräftiger Restschuldbefreiung.
Die Nacherbenanwartschaftsrechte sind nur an den Vorerben veräußerlich, im übrigen jedoch unvererblich und unveräußerlich. Die Einsetzung der Ersatznacherben ist für den Fall auflösend bedingt, dass die Nacherbenanwartschaftsrechte auf den Vorerben übertragen werden.
Ohne das Ermessen der Nacherben hinsichtlich der Verfügung über ihr Anwartschaftsrecht in irgendeiner Weise einzuschränken oder einen Anspruch des Vorerben auf Übertragung des Nacherbenanwartschaftsrechts zu begründen, gehe ich davon aus, dass die jeweiligen Nacherben ihr Anwartschaftsrecht auf den Vorerben übertragen, sobald dieser in gesicherten Vermögensverhältnissen lebt, wovon ich bei einem Vorerben, der ein Verbraucherinsolvenzverfahren beantragt hat, spätestens ein Jahr nach rechtskräftiger Erteilung einer Restschuldbefreiung ausgehe.

III. Testamentsvollstreckung und weitere Anordnungen
Soweit mein Sohn Paul zu einem Zeitpunkt Erbe wird, zu dem er sich noch in der Insolvenz befindet beziehungsweise zudem die Restschuld befreiung noch nicht erfolgt sein sollte, ordne ich Testamentsvollstreckung an.
Zum Testamentsvollstrecker ernenne ich meinen Sohn Bertin, geboren am ...
Sollte der Testamentsvollstrecker sein Amt – gleich aus welchem Grund – nicht annehmen, so endet das Amt dieses Vollstreckers. In diesem Fall ernenne ich meine Tochter Catherine als Ersatztestamentsvollstreckerin. Wiederum ersatzweise soll das Netzwerk Deutscher Testamentsvollstrecker e.V. mit Geschäftssitz in Berlin einen geeigneten Ersatztestamentsvollstrecker bestimmen.

Der Testamentsvollstreckung unterliegt zunächst der gesamte Nachlass. Nach der Auseinandersetzung der Erbengemeinschaft setzt sich die Testamentsvollstreckung an dem Erbteil meines Sohnes Paul fort. Der Testamentsvollstrecker hat die Aufgabe, den Nachlass zu verwalten. Es handelt sich um eine Dauervollstreckung, die sich an den Surrogaten fortsetzt.
Substanz und Erträge hat der Testamentsvollstrecker nur für wirtschaftlich und in der Lebensplanung vernünftige Zwecke einzusetzen. Ich weise den Testamentsvollstrecker verbindlich an, meinem Sohn Paul die diesem gebührenden jährlichen Reinerträge der verwalteten Nachlasswerte ausschließlich so zuzuwenden, dass sein standesgemäßer Unterhalt durch regelmäßige Zuwendungen oder auch durch einmalige Sachzuwendungen bzw. die Übernahme von Beiträgen zur Altersvorsorge etc. gesichert ist und zugleich hierdurch keine Versagung oder Kürzung von etwa durch den Erben bezogenen staatlichen Leistungen, insbesondere von bedarfsorientierter Grundsicherung oder Sozialhilfe, eintritt. Mit dieser Weisung soll erreicht werden, dass die wirtschaftliche Stellung von Paul durch das ihm von Todes wegen Zugewendete verbessert wird. Die Erträge des jeweils ererbten Vermögens sollen deshalb solche Aufwendungen finanzieren, für die eine staatliche Beihilfe nicht gewährt wird, die aber anrechnungsfrei verbleiben, etwa die Anschaffung eines angemessenen selbstgenutzten Eigenheims, eines angemessenen Kraftfahrzeuges sowie von Beiträgen in geschützten Altersvorsorgeverträgen.
Soweit dem Erben seitens seiner Gläubiger Zwangsvollstreckungsmaßnahmen drohen, wird das Entscheidungsermessen des Testamentsvollstreckers weiter dahingehend eingeschränkt, dass er dem Erben Erträge des Nachlasses nur bis zur Höhe der jeweiligen Pfändungsfreigrenze zuwenden kann, soweit diese nicht schon durch anderweitiges Einkommen des Erben ausgeschöpft ist. Gleiches gilt für einzelne Gegenstände des Nachlasses. Das Recht des Erben, die Herausgabe von Nachlassgegenständen zu verlangen, wird dementsprechend eingeschränkt.
Im Übrigen hat der Testamentsvollstrecker die gesetzlichen Rechte und Pflichten.

Neben der Erstattung seiner Auslagen erhält der Testamentsvollstrecker keine Vergütung, es sei denn, das Netzwerk Deutscher Testamentsvollstrecker e.V. bestimmt einen Testamentsvollstrecker. Dieser erhält eine Vergütung, die den Vergütungsempfehlungen des Deutschen Notarvereins entspricht. Die Mehrwertsteuer wird gesondert vergütet.

IV. Vorsorge bei rechtskräftiger Erteilung der Restschuldbefreiung
Die nachfolgenden Verfügungen sind aufschiebend bedingt. Sie gelten nur, falls meinem Sohn Paul rechtskräftig Restschuldbefreiung erteilt wurde.
Sämtliche Nacherben von Paul sind dann mit einer Auflage zugunsten von Paul beschwert, für die folgende Bestimmungen gelten:
Vom Wert des Vermögens, welches an sie als Folge des Bedingungseintritts durch den Testamentsvollstrecker herauszugeben wäre, haben sie einen Anteil von 90 Prozent sofort wieder an den Auflagebegünstigten herauszugeben.
Vollziehungsberechtigt für die Auflage sind sämtliche Personen wechselseitig, die Nacherben werden. Außerdem ist diejenige Person vollziehungsberechtigt, welche als Testamentsvollstrecker für meinen Sohn Paul dessen Nachlassbeteiligung verwaltet hat.

Ort, Datum, Vorname Nachname

Vorsorge für bedürftige Kinder

Nach wie vor gibt es in der Bundesrepublik Deutschland eine beträchtliche Zahl von Arbeitslosen, die auf die Grundsicherung für Arbeitssuchende (ALG II oder Hartz IV) angewiesen sind. Bevor erwerbsfähige Personen Grundsicherung erhalten, müssen sie vorrangig ihr eigenes Einkommen und/oder Vermögen einsetzen. Das Sozialleistungsrecht wirft deshalb auch im Bereich der Testamentsgestaltung zahlreiche Fragen auf. Setzt man einen Bezieher von Grundsicherungsleistungen zum Erben ein, gilt das Nachrangprinzip des

Sozialleistungsrechts und der Leistungsträger greift auf die Erbschaft in der Weise zu, dass die Sozialleistungen bis zum Verbrauch der entsprechenden Vermögenswerte eingestellt werden. Das Problem ähnelt dem der Eltern von behinderten Kindern, die diese Kinder durch eine entsprechende Nachfolgeregelung nach ihrem Tod versorgt wissen wollen. In beiden Fällen ist der Erbe auf Sozialleistungen angewiesen. Allerdings gibt es bei genauer Betrachtung doch einige deutliche Unterschiede.

Während eine Behinderung oder Erkrankung meist zu einer lebenslangen Abhängigkeit von staatlichen Leistungen führt, ist der Anspruch auf Grundsicherung in den meisten Fällen nur auf einen gewissen Zeitraum begrenzt. Spätestens mit dem Bezug einer Altersrente machen die Beschränkungen, die im Rahmen eines „Behindertentestaments" angeordnet werden, beim „Bedürftigentestament" keinen Sinn mehr. Deshalb muss bei der Testamentsgestaltung zugunsten eines Beziehers von Grundsicherung für Arbeitssuchende eine Lösung gefunden werden, die notwendige Beschränkungen auf den Zeitraum begrenzt, in dem Sozialleistungen bezogen werden. Insoweit entspricht die Problemstellung eher der von Eltern mit Kindern, die überschuldet sind. In diesem Zusammenhang hat sich die Verwendung des Begriffs „Bedürftigentestament" eingebürgert.

Sowohl der Anspruch auf Sozialhilfe als auch der auf Grundsicherung für Arbeitssuchende hängt davon ab, dass der Bezieher vor einer Leistungsgewährung sein komplettes Einkommen sowie sein Vermögen einsetzen und verwerten muss. Man spricht insoweit vom „Subsidiaritätsprinzip" oder „Nachranggrundsatz". Zum verwertbaren Vermögen beziehungsweise Einkommen gehören grundsätzlich auch Substanz und Ertrag einer Erbschaft. Deshalb müssen im Rahmen der Nachfolgeregelung auch bei einem Testament für Bedürftige Substanz und Ertrag vor dem Zugriff des Sozialleistungsempfängers und damit auch vor der Inanspruchnahme durch den Sozialleistungsträger geschützt werden.

Würde man nun das bedürftige Kind zum Vollerben machen, könnten sowohl die Sozialhilfeleistungen als auch das ALG II unter Hinweis auf das Nachrangprinzip solange eingestellt werden, bis der Nachlass komplett verwertet ist. Eine Entlastung würde folglich nur aufseiten des Sozialhilfeträgers eintreten. Aber auch eine vollständige Enterbung des bedürftigen Kindes ist nicht die Lösung des Problems! Das Kind ist nämlich nach dem Elternteil pflichtteilsberechtigt, was wiederum zur Folge hat, dass der Sozialhilfeträger den Anspruch auf den gesetzlichen Pflichtteil auf sich überleiten und die Forderung beim Erben geltend machen kann. Die Enterbung führt folglich nur dazu, dass der Zugriff des Sozialhilfeträgers minimiert wird, schließt diesen Zugriff aber nicht gänzlich aus.

Schutz mittels Vor- und Nacherbschaft

Ausschließlich mit der Einsetzung des bedürftigen Kindes zum nicht befreiten Vorerben kann die Substanz vor dem Zugriff des Staates geschützt werden. Da dem Vorerben die Verwertung des Nachlasses rechtlich unmöglich ist, kann aus diesem Grund weder die Sozialhilfe noch das ALG II eingestellt werden. Da der Nacherbe nicht Erbe des Vorerben, sondern des Erblassers ist, scheidet zudem eine Erbenhaftung für die erbrachten Sozialleistungen aus. Grundsätzlich kann der mit der Nacherbschaft belastete Vorerbe zwar die Vorerbschaft ausschlagen und stattdessen seinen Pflichtteil verlangen. Dies wird der bedürftige Abkömmling selbst aber nicht tun, da dann der Sozialhilfeträger seine Leistungen einstellt, wie oben dargestellt. Für den Sozialleistungsträger ist aber eine mögliche Ausschlagung der Vorerbschaft von erheblicher Bedeutung, da er dann den Pflichtteilsanspruch auf sich überleiten kann. Nach mittlerweile einhelliger Rechtsprechung kann der Sozialhilfeträger aber das Recht zur Ausschlagung nicht auf sich selbst überleiten und selbst geltend machen. Infolgedessen sollte das Kind als Bezieher von Sozialleistungen zum nicht befreiten Vorerbe eingesetzt werden.

Schutz mittels Testamentsvollstreckung

Mit dieser Maßnahme ist aber nur die Substanz des Nachlasses vor dem Zugriff des Sozialleistungsträgers geschützt, nicht aber der Ertrag. Deshalb ist auch in diesem Fall die Anordnung der nicht befreiten Vorerbschaft unbedingt mit der Anordnung einer Verwaltungstestamentsvollstreckung zu kombinieren, bei der der Anspruch des Vorerben auf den Ertrag beschränkt ist.

Im Rahmen eines Bedürftigentestaments ist darauf zu achten, die Belastungen durch die Vorerbschaft und die Testamentsvollstreckung auf den Zeitraum des Sozialleistungsbezugs zu beschränken. Dieses Ziel kann dadurch erreicht werden, dass die Vorerbschaft auflösend bedingt auf den Zeitpunkt des Wegfalls der Hilfsbedürftigkeit angeordnet wird beziehungsweise eine aufschiebend bedingte Vollerbschaft im Testament festgelegt wird. Das heißt nichts anderes, als dass das bedürftige Kind in dem Moment, in dem es keine Sozialleistungen mehr bezieht, zum unbeschränkten Vollerben wird und die Vorerbschaft wegfällt. Ebenso muss auch angeordnet werden, dass die Verwaltungstestamentsvollstreckung mit Wegfall des Sozialhilfebezugs aufgehoben wird.

Formulierungsvorschlag

Testament

1. Erbeinsetzung

Ich setze hiermit meine vorgenannten Kinder zu gleichen Teilen zu meinen Erben ein.

Ersatzerben sind dessen/deren jeweilige Abkömmlinge zu unter sich gleichen Teilen nach Stämmen. Sollten keine Abkömmlinge vorhanden sein oder sollten diese die Erbschaft ausschlagen, so bestimme ich zum Ersatzerben ..., wiederum ersatzweise den ...

2. Vor- und Nacherbschaft

Meine Tochter Emma wird jedoch nur nichtbefreiter Vorerbe.

Nacherben sind ihre Abkömmlinge zu unter sich gleichen Teilen nach Stämmen. Sollten keine Abkömmlinge vorhanden sein oder sollten sämtliche Abkömmlinge die Nacherbschaft ausschlagen, so sind Ersatznacherben meine Kinder Anton und Josef zu gleichen Teilen, wiederum ersatzweise deren Abkömmlinge.

Die Nacherbfolge tritt ein mit dem Tod des Vorerben.

Die Nacherbenanwartschaften sind nicht vererblich und nicht übertragbar.

3. Testamentsvollstreckung und weitere Anordnungen

Ich ordne bis zum Tod des Vorerben Testamentsvollstreckung über den Nachlass an.

Der Testamentsvollstrecker hat dem Vorerben zum Zwecke der Verbesserung der Lebensqualität den gesamten jährlichen Reinertrag des Vorerbteils nur in Form folgender Leistungen zuzuwenden:

- Zuwendungen zur Befriedigung der individuellen Bedürfnisse in Bezug auf Freizeit und Hobby
- Finanzierung von Urlauben
- Aufwendungen für Besuche von Freunden und Verwandten
- Aufwendungen für ärztliche oder sonstige Heilbehandlungen und Therapien, Medikamente und medizinische Hilfsmittel, die von der Krankenkasse nicht oder nicht vollständig bezahlt werden.
- Aufwendungen für persönliche Sachen wie Kleidung und für Einrichtungsgegenstände
- ein Taschengeld, jedoch nicht mehr als der Betrag, den ein Leistungsempfänger ungekürzt zur freien Verfügung haben darf.

Für welche der genannten Leistungen der Reinertrag verwendet wird entscheidet der Testamentsvollstrecker nach billigem Ermessen, wobei er sich allerdings am Wohl des Vorerben orientieren muss.

Sofern der jährliche Reinertrag nicht in einem Jahr vollständig aufgebraucht wird, ist der verbleibende Anteil durch den Testamentsvollstrecker nach dessen Ermessen gewinnbringend anzulegen.

Zum Testamentsvollstrecker ernenne ich meinen Sohn Anton, geboren am ...

Sollte der Testamentsvollstrecker sein Amt – gleich aus welchem Grund – nicht annehmen, so endet das Amt dieses Vollstreckers. In diesem Fall ernenne ich meinen Sohn Josef als Ersatztestamentsvollstrecker. Wiederum ersatzweise soll das Netzwerk Deutscher Testamentsvollstrecker e.V., mit Geschäftssitz in Berlin, einen geeigneten Ersatztestamentsvollstrecker bestimmen.

Der Testamentsvollstreckung unterliegt zunächst der gesamte Nachlass. Nach der Auseinandersetzung der Erbengemeinschaft setzt sich die Testamentsvollstreckung an dem Erbteil meiner Tochter Emma fort. Der Testamentsvollstrecker hat die Aufgabe, den Nachlass zu verwalten. Es handelt sich um eine Dauervollstreckung, die sich an den Surrogaten fortsetzt.

Im Übrigen hat der Testamentsvollstrecker die gesetzlichen Rechte und Pflichten.
Neben der Erstattung seiner Auslagen erhält der Testamentsvollstrecker keine Vergütung, es sei denn, das Netzwerk Deutscher Testamentsvollstrecker e.V. bestimmt einen Testamentsvollstrecker. Dieser erhält eine Vergütung, die den Vergütungsempfehlungen des Deutschen Notarvereins entspricht. Die Mehrwertsteuer wird gesondert vergütet.
Die Testamentsvollstreckung endet ersatzlos, wenn der Vorerbe verstorben ist oder für einen ununterbrochenen Zeitraum von zwölf Monaten tatsächlich weder Sozialhilfe nach den jeweils geltenden Vorschriften des SGB XII noch Grundsicherung für Arbeitssuchende nach den jeweiligen Vorschriften des SGB II erhalten hat und dies gegenüber dem Nachlassgericht erklärte und die Richtigkeit eidesstattlich versichert.
Bezieht der Vorerbe danach erneut Sozialleistungen, ändert dies an den eingetretenen Rechtsfolgen nichts.

Ort, Datum, Vorname Nachname

Kapitel 8

Schenkung- und Erbschaftsteuern

Die nächsten Verwandten und der überlebende Partner kommen in den Genuss großzügiger Freibetragsregelungen des Erbschaftsteuerrechts. Doch bei hohen Eigentumsübertragungen müssen auch sie Steuern zahlen. Entfernte Verwandte und Freunde zahlen schon bei Erbschaften über einem geringfügigen Freibetrag hohe Steuern. Das Kapitel zeigt, wie sich mit legalen Mitteln Schenkung- und Erbschaftsteuerzahlungen minimieren oder ausschließen lassen.

Aufgrund der in Deutschland geltenden Gesamtrechtsnachfolge fällt das Erbe mit dem Erbfall unmittelbar an den oder die Erben. Die Erben haben auf den Nachlass die Erbschaftsteuer zu entrichten. Das Erbschaftsteuerrecht umfasst auch die Schenkungsteuer, das heißt, die folgenden Ausführungen wie auch das gesamte Erbschaftsteuergesetz haben auch für Schenkungen Gültigkeit. Für Schenkungen gelten die gleichen Freibeträge und die gleichen Steuersätze wie für Erbschaften. Der zur Berechnung der Erbschaftsteuer maßgebliche Stichtag ist grundsätzlich der Todestag des Erblassers.

Ob ein Erbe oder eine Erbin überhaupt Erbschaftsteuer zahlen muss, hängt zunächst einmal von den erbschaftsteuerlichen Freibeträgen ab, die für den Ehepartner und nahe Verwandte sehr großzügig bemessen sind:

- Ehegatte und eingetragener gleichgeschlechtlicher Lebenspartner (500.000 Euro),
- Kinder (400.000 Euro)
- Enkel (200.000 Euro)
- Eltern/Großeltern (100.000 Euro)
- Geschwister, Nichten, Neffen, Stiefeltern, Schwiegerkinder, Schwiegereltern, geschiedener Ehegatte (20.000 Euro)
- Sonstige Personen (20.000 Euro)

Die Freibeträge beziehen sich auf den einzelnen Erwerb, ein Kind kann also sowohl von der Mutter als auch vom Vater jeweils bis zu 400.000 Euro steuerfrei erben. Bei Schenkungen lebt der schon einmal ausgeschöpfte Freibetrag nach zehn Jahren wieder auf, so dass eine Person einer anderen Person noch einmal Vermögen bis zum Freibetrag völlig steuerfrei schenken kann. Viele Erben müssen aufgrund dieser großzügigen Freibeträge überhaupt keine Erbschaft- oder Schenkungsteuern zahlen. Neben den persönlichen Freibeträgen existieren weitere Steuerfreibeträge. Steuerpflichtigen Ehepartnern, Kindern, Eltern und Großeltern stehen ein Hausratsfreibetrag von 41.000 Euro und zusätzlich ein Freibetrag für bewegliche Gegenstände in Höhe von 12.000 Euro zur Verfügung.

Beispiel

Eine verwitwete Mutter hinterlässt eine Tochter. Die Tochter erbt nicht nur 400.000 Euro, sondern auch Hausrat im Wert von 25.000 Euro und einen Pkw im Wert von 20.000 Euro. Der Hausrat bleibt bis zu einem Wert von 41.000 Euro steuerfrei. Vom Erwerb des Pkw müssen nach Abzug des Steuerfreibetrags für bewegliche Güter lediglich 8.000 Euro versteuert werden.

Allen anderen Erben steht insgesamt für Hausrat und bewegliche Gegenstände nur ein Freibetrag von 12.000 Euro zur Verfügung. Zu beachten ist hierbei, dass sich diese Befreiung nicht auf den Gesamtwert der zu diesem Vermögensgruppen gehörenden Gegenstände bezieht (Hausrat und bewegliche Sachen), sondern jedem einzelnen Erwerber für seinen Anteil an diesem Vermögen zusteht.

Freibeträge für Pflegeleistungen

Des Weiteren gibt es einen Pflegefreibetrag in Höhe von 20.000 Euro. Diesen Freibetrag erhalten Personen für Erwerbe von Personen, wenn sie diese unentgeltlich oder gegen unzureichendes Entgelt gepflegt oder Unterhalt gewährt haben, soweit das Zugewendete als angemessenes Entgelt anzusehen ist. Bei Pflege gegen Entgelt fällt keine Erbschaftsteuer an, auch wenn das Entgelt nachträglich im Todesfall in Form einer Zuwendung geleistet wird. Gegebenenfalls sind dann aber lohnsteuerrechtliche Vorschriften zu beachten.

Steuerklassen

Falls überhaupt Erbschaftsteuer zu zahlen ist, richtet sich die Höhe der zu zahlenden Beträge nach den persönlichen Verhältnissen der Erben zu der verstorbenen Person.

Erbschaftsteuer-Klassen und -Freibeträge		
Steuerklasse	**Beschenkter, Erbe, Vermächtnisnehmer oder Pflichtteilsberechtigter**	**Persönlicher Freibetrag**
I	Ehegatte; Eingetragener Lebenspartner	500.000 €
I	Kind; Stiefkind; Enkel, falls Eltern vorverstorben	400.000 €
I	Enkel; Urenkel; (wenn die Eltern noch leben)	200.000 €
I	Eltern und Großeltern im Erbfall	100.000 €
II	Eltern und Großeltern bei Schenkung; Geschwister; Neffen; Nichten; Stiefeltern; Schwiegerkinder; Schwiegereltern; geschiedener Ehegatte	20.000 €
III	alle Übrigen, insb. Paare ohne Trauschein	20.000 €

Aus der Steuerklasse und der Höhe des ererbten oder verschenkten Betrages ergibt sich der Steuersatz nach folgender Tabelle:

	Prozentsätze der Erbschafts- bzw. Schenkungsteuer in der jeweiligen Steuerklasse:		
	I	II	III
75.000	7	15	30
300.000	11	20	30
600.000	15	25	30
6.000.000	19	30	30
13.000.000	23	35	50
26.000.000	27	40	50
darüber	30	43	50

Die Tabelle ist wie folgt zu lesen: Eine Erbschaft oder Schenkung in der Steuerklasse I bis zu einem Betrag von 75.000 Euro wird mit sieben Prozent besteuert, bis zu einem Betrag von 300.000 Euro mit elf Prozent, bis zu einem Betrag in Höhe von 600.000 Euro mit 15 Prozent.

Legale Tricks zur Steuervermeidung

Illegale Tricks zur Vermeidung von Erbschaft- und Schenkungsteuern – zum Beispiel das Versteck von Vermögen in einem Steuerparadies – machen aus Erben zum Zeitpunkt des Erbfalls Kriminelle, die in der Regel nur mit Mühe und Not, Selbstanzeigen und heftigen Steuernachzahlungen aus der Illegalität wieder herauskommen. Dieser Weg ist für die Erben oft eine Katastrophe und sollte auf jeden Fall vermieden werden. Die Alternative: Methoden zur legalen Vermeidung von Erbschaft- und Schenkungsteuern! Hier gibt es eine Fülle an Möglichkeiten, die in diesem Buch nur ansatzweise dargestellt werden können.

Alleinstehende Frau ohne Kind

Eine Frau ohne Partner und ohne eigenes Kind, die ihr Vermögen an die Eltern, an Geschwister, Neffen und Nichten sowie andere Personen vererbt, muss nicht damit rechnen, dass ein Teil ihres Erbes an den Fiskus fällt, wenn sie in ihrem Testament die Freibeträge berücksichtigt und keine Beträge über den Freibeträgen vererbt. Es bietet sich für sie an, per Testament einen Erben oder eine Erbin einzusetzen und sodann das Vermögen per Vermächtnis bis zu den jeweiligen Freibeträgen an einzelne Personen aus der Familie und dem Freundeskreis zu vererben. Eine Frau, die ihren Verwandten und Freunden nichts vererben möchte, kann als Erben eine gemeinnützige Organisation einsetzen. Auch diese Erbschaft führt nicht zu Steuerzahlungen, da gemeinnützige Organisationen keine Steuern zahlen müssen.

Zu Erbschaftsteuern führt hier – wenn überhaupt – der Verzicht auf ein eigenes Testament. So müssen Eltern als Erben von mehr als jeweils 100.000 Euro Freibetrag Erbschaftsteuer zahlen. Nach deren Tod erben möglicherweise Geschwister, die dann – wenn es ungünstig kommt – erneut Erbschaftsteuer zu zahlen haben.

Beispiel

Eine alleinstehende, kinderlose Frau verstirbt im Alter von 63 Jahren und hinterlässt eine Eigentumswohnung im Wert von 400.000 Euro und ein angelegtes Geldvermögen im Wert von 100.000 Euro. Da sie kein Testament errichtet hat, erben ihre hochbetagten Eltern, der Vater ist 93 Jahre alt, die Mutter 91. Nach Abzug der Freibeträge von je 100.000 Euro verbleiben pro Erben 150.000 Euro zu versteuernde Erbschaft, das macht bei elf Prozent 16.500 Euro. Insgesamt zahlen die Eltern also 33.000 Euro Erbschaftsteuer. Wenige Jahre später sind auch die beiden Eltern verstorben. Nun erbt eine Schwester der mit 63 Jahren verstorbenen Frau allein das Vermögen der Eltern in Höhe von 1,7 Millionen Euro, darin enthalten das Vermögen der Eltern. Nun muss die Schwester nach Abzug des Freibetrags in Höhe von 400.000 Euro, den sie als Kind geltend machen kann, auf 1,3 Mio. Euro Erbschaftsteuer zahlen, das sind bei einem Steuersatz von 19 Prozent insgesamt 247.000 Euro.

Partnerin ohne Trauschein

Partner einer nichtehelichen und nichteingetragenen Lebensgemeinschaft werden vom Fiskus im Schenkungs- und Erbfall stark benachteiligt. So hat eine Lebenspartnerin nur 20.000 Euro Freibetrag (zum Vergleich: die Witwe oder eingetragene gleichgeschlechtliche Lebenspartnerin 500.000 Euro). Der Steuersatz für die Partnerin ohne Trauschein beträgt für alles, was über 20.000 Euro Freibetrag hinausgeht, bis zur Höhe von sechs Millionen Euro 30 Prozent, das heißt, dass vom Vermögen nur etwas mehr als zwei Drittel tatsächlich bei der Partnerin hängen bleiben. Partner, die ein nennenswertes Vermögen zu vererben haben, sollten sich unbedingt von erfahrenen Fachleuten beraten lassen, um die enorme Steuerlast zu verringern. Eine von vielen Methoden ist die Abrechnung von Nachlassschulden:

Für die Berechnung der Erbschaftsteuer ist der Nachlasswert maßgebend. Dieser kann durch Nachlassschulden verringert werden. Wenn nichteheliche Partner ihre beiderseitigen Leistungen und Beiträge für das Zusammenleben von Zeit zu Zeit abrechnen und die sich daraus ergebende Schuld schriftlich anerkennen, können dadurch Nachlassschulden produziert werden. Die Partner können schriftlich bestimmen, dass die errechneten und schriftlich festgehaltenen Beträge erst nach dem Tod des Partners zurückgezahlt werden sollen. Es ist darauf zu achten, dass die anerkannten Beträge dem Lebensstandard angemessen und nachvollziehbar sind. Andernfalls besteht die Gefahr, dass das Finanzamt die Abrechnung als getarnte Schenkung ansieht.

Lebensversicherung zur Steuervermeidung

Eine spezielle Variante der Lebensversicherung kommt einer unverheirateten Frau sehr entgegen. Die Partnerin, die finanziell abgesichert werden soll, schließt als Versicherungsnehmerin einen Lebensversicherungsvertrag auf das Leben des zukünftigen Erblassers ab. Wenn dieser stirbt, erhält sie die Versicherungssumme vollständig steuerfrei. Sofern sie nicht selbst, sondern der Partner die Versicherungsprämien gezahlt haben sollte, hat sie nur die Prämien, die er in den letzten zehn Jahren gezahlt hat, zu versteuern, weil sie quasi vom Partner geschenkt wurden. Dies ist vom Finanzamt anerkannt. Versicherungen empfehlen diese Gestaltung in der Regel nicht von sich aus.

Verheiratete Frau

Eine verheiratete Frau kann ihrer Familie ein gewaltiges Eigentum steuerfrei per Schenkung und Erbschaft übertragen, umgekehrt auch von ihrem zuerst versterbenden Ehemann ein beachtliches Eigentum steuerfrei entgegennehmen. Eine Ehefrau als Erblasserin kann ihrem Ehemann praktisch mehr als eine Million Euro steuerfrei hinterlassen. Denn es summieren sich ein Steuerfreibetrag von 500.000 Euro, der Zugewinnausgleich, der bei einem Vermögen von einer Million Euro pauschal mit einem Viertel – 250.000 Euro – anerkannt wird, außerdem ein Versorgungsfreibetrag von 256.000 Euro, ein Hausratsfreibetrag von 41.000 Euro sowie ein weiterer Freibetrag von 12.000 Euro für sonstige bewegliche Sachen. Das macht insgesamt einen Betrag von

1.059.000 Euro, bis zu dem in jedem Fall keine Erbschaftsteuer zu zahlen ist. Bei einem sehr hohen tatsächlichen Zugewinn (der in Euro und Cent durch Bilanzierung von Anfangs- und Endvermögen aufseiten des Ehemanns und der Ehefrau nachzuweisen ist) kann die Ehefrau sogar einen mehrere Millionen Euro schweren Zugewinnausgleich völlig steuerfrei vom Ehemann erhalten!

Expertentipp

In vielen Familien macht es jedoch aus steuerrechtlichen Gründen Sinn, per Testament nicht nur die Ehefrau, sondern auch die Kinder, eventuell auch andere Familienmitglieder mit Erbschaften oder Vermächtnissen zu bedenken. Denn die großzügige Weitergabe des Vermögens an den Ehegatten oder die Ehegattin kann sich auf lange Sicht zu einer Steuerfalle entwickeln. Jedenfalls kann das „Berliner Testament", mit dem sich die Ehegatten wechselseitig als alleinige Erben einsetzen, dazu führen, dass Erbschaftsteuern sowohl von dem länger lebenden Partner als auch – nach dem zweiten Todesfall – von den Kindern zu zahlen sind. Solche unerwünschten Folgen sind mit einem ausgeklügelten Testament zu vermeiden!

Lebzeitige Übertragungen

Häufig werden von den Eltern Immobilien auf die Kinder übertragen, wobei sich die Eltern ein Nießbrauchsrecht oder Wohnungsrecht vorbehalten, da sie wirtschaftlich auf die Nutzung der Immobilie beziehungsweise die Mieteinnahmen angewiesen sind. Seit der Erbschaftsteuerreform zum 1.1.2009 kann der Kapitalwert des Nießbrauchs in voller Höhe vom Steuerwert der geschenkten Immobilie in Abzug gebracht werden. Da sich der Kapitalwert des Nießbrauchs auch an der statistischen Lebenserwartung des Übergebers orientiert, stellt dies eine gute Möglichkeit dar, um Steuern zu sparen. Je jünger der Übergeber ist, umso höher ist der Steuerspareffekt. Bei der Berechnung der Abzugssumme ist allerdings der Jahreswert der Nutzung auf den 18,6-fachen Teil des Werts des übertragenen Gegenstandes begrenzt.

Beispiel

Die verwitwete Mutter überträgt ihrem Sohn ein Mietshaus mit einem Steuerwert von 1.000.000 Euro und behält sich den lebenslangen unentgeltlichen Nießbrauch vor. Höchstbetrag des Jahreswerts der Nutzung, der zur Berechnung des Kapitalwerts herangezogen werden kann, ist demnach 53.763 Euro (1.000.000 Euro : 18,6). Dies entspricht einer monatlichen Nettomieteinnahme von 4.480 Euro. Unterstellt, die Mutter wäre bei Übergabe des Grundstücks 65 Jahre alt, ergäbe sich ein Kapitalisierungsfaktor von 11,295. Der Kapitalwert des Nießbrauchsrechts beliefe sich folglich auf 607.253 Euro (4.480 Euro x 12 Monate x Faktor 11,295). Da es sich um eine vermietete Immobilie handelt, sind sowohl beim Steuerwert der Immobilie als auch beim Kapitalwert des Nießbrauchs zehn Prozent des Werts in Abzug zu bringen. Dies würde zu folgender schenkungsteuerlicher Berechnung führen:

1.000.000 Euro – 10 Prozent = 900.000 Euro
abzüglich 607.253 Euro – 10 Prozent = 546.257 Euro

Es verbleibt ein zu versteuernder Betrag in Höhe von 353.472 Euro (900.000 Euro – 546.257 Euro). Dem Sohn steht gegenüber seiner Mutter allerdings ein persönlicher Freibetrag von 400.000 Euro zur Verfügung, so dass sich kein Steueranfall ergibt. Hätte die Mutter das Grundstück nicht zu Lebzeiten unter Nießbrauchsvorbehalt übergeben, sondern auf den Tod, hätte sich folgende erbschaftsteuerliche Berechnung ergeben: 1.000.000 Euro – 10 Prozent = 900.000 Euro. Abzüglich des persönlichen Freibetrags in Höhe von 400.000 Euro verbleibt ein Betrag in Höhe von 500.000 Euro, den der Sohn in der Steuerklasse I mit 15 Prozent zu versteuern hätte. Der Steueranfall beliefe sich somit auf 75.000 Euro. Durch die Übertragung des Grundstücks zu Lebzeiten unter Nießbrauchsvorbehalt ergibt sich also eine Steuerersparnis von 75.000 Euro.

Der persönliche Freibetrag steht alle zehn Jahre neu zur Verfügung. Durch frühzeitige Schenkungen kann der steuerliche Freibetrag mehrfach ausgenutzt werden. Vor allem die Eigentümer großer Vermögen sparen auf diesem Wege ganz erheblich Erbschaftsteuer. Gerade bei Personen mit sehr hohem Vermögen empfiehlt es sich, frühzeitig Vermögen auf die Kinder abzuschichten, gegebenenfalls unter Vorbehalt von Nutzungsrechten, um bis zum eigenen Tod den Anfall von Erbschaftsteuer gänzlich zu vermeiden oder deutlich zu reduzieren.

Übertragung des selbstgenutzten Familienheims

Zusätzlich zu ihren persönlichen Freibeträgen können Ehegatten und Kinder das Familienheim, das im Inland oder im Ausland (Europäische Union oder Europäischer Wirtschaftsraum) gelegen ist, erbschaftsteuerfrei erben. Voraussetzung hierfür ist allerdings, dass der Erblasser in der Immobilie gewohnt und dort seinen Lebensmittelpunkt gehabt hat. Auf der anderen Seite müssen der Erbe oder die Erben, also der Ehegatte oder die Kinder, dort zehn Jahre wohnen und ihren Lebensmittelpunkt begründen. Sie dürfen die Immobilie in diesem Zeitraum nicht verkaufen, vermieten oder verpachten. Ausnahmen bestehen nur dann, wenn ein zwingender Grund für einen Auszug vorliegt. Dies ist beispielsweise dann anzunehmen, wenn die Witwe vor Ablauf der Zehnjahresfrist in ein Pflegeheim ziehen muss und das Objekt vorzeitig vermietet wird. Selbstverständlich kommt diese Steuerbefreiung immer dann nicht für den Erben zum Tragen, wenn er das Objekt aufgrund eines Vermächtnisses, einer Auflage oder einer Teilungsanordnung einer anderen Person weitergeben muss.

Ist ein Kind Erbe des Familienheims, ist die Besonderheit zu beachten, dass die Immobilie nur bis zu einer Wohnfläche von 200 Quadratmetern steuerfrei bleibt. Hat das begünstigte Objekt eine größere Wohnfläche, bleibt es anteilig steuerfrei.

Zugewinnausgleich erbschaftssteuerfrei

Lebte die Ehefrau mit ihrem verstorbenen Ehemann im gesetzlichen Güterstand der Zugewinngemeinschaft, so bleibt die Ausgleichsforderung über den Zugewinn erbschaftsteuerfrei, wenn die Ehe durch Tod beendet wird. Die Ausgleichsforderung berechnet sich grundsätzlich durch einen Vergleich des Anfangsvermögens zum Zeitpunkt der Eheschließung mit dem Endvermögen, zum Zeitpunkt des Todes eines Ehegatten. Hat demnach einer der Ehegatten einen höheren Zugewinn, ist die Hälfte davon die Ausgleichsforderung.

Beispiel

Die Ehegatten Anton und Beate besitzen bei Eheschließung im Jahre 1960 keinerlei Vermögen. Im Jahre 2010 verstirbt Anton. Dieser hat mit einem florierenden Unternehmen bis zu seinem Todestag ein Vermögen von fünf Millionen Euro erwirtschaftet. Ehefrau Beate hat in dieser Zeit nicht gearbeitet und die drei gemeinsamen Kinder groß gezogen, sich um den Haushalt gekümmert und ihrem Ehemann den Rücken freigehalten. Beim Tod ihres Ehemanns hat sie keinerlei Vermögen. Im gesetzlichen Güterstand der Zugewinngemeinschaft beläuft sich die rechtmäßige Ausgleichsforderung der Ehefrau auf 2,5 Millionen Euro. Diese Ausgleichsforderung erwirbt Beate beim Tod ihres Mannes komplett erbschaftsteuerfrei.

Gleichgeschlechtliche Lebenspartnerin

Hier ist mittlerweile eine vollständige Gleichstellung zu Ehepartnern erfolgt. Der Steuerfreibetrag für die eingetragene Lebenspartnerin beträgt 500.000 Euro zuzüglich zu der selbst bewohnten Immobilie. Hinzu kommen ein Versorgungsfreibetrag von 256.000 Euro, ein Hausratsfreibetrag von 41.000 Euro sowie ein weiterer Freibetrag von 12.000 Euro für sonstige bewegliche Sachen. Auch die Steuerklasse und der Steuersatz sind mittlerweile gleichgestellt, und auch der Zugewinnausgleich ist wie bei Ehepartnern geregelt.

Unterschiede bestehen noch im Einkommensteuerrecht. Bei der Einkommensteuer werden Lebenspartnerinnen wie Ledige behandelt. Sie werden also nach der Steuerklasse I besteuert.

Expertentipp

Aufgrund ungeklärter Rechtsfragen und noch nicht entschiedener Verfassungsbeschwerden sollten Lebenspartnerinnen Einsprüche gegen die Steuerbescheide und/oder gegen abgelehnte Anträge auf Zusammenveranlagung oder auf Berücksichtigung der Steuerklassenkombination III/IV einlegen. Erst nach Entscheidung über die anhängigen Verfassungsbeschwerden kann das Finanzamt möglicherweise den Lebenspartnerinnen die Vorteile des Splitting-Verfahrens einräumen.

Geschiedene Ehefrau

Wie im Kapitel 5 („Die Frau in Trennung und Scheidung") dargelegt, lässt sich eine unerwünschte mittelbare Erbschaft durch den Ex-Ehemann oft nur durch eine testamentarische Verfügung von Vor- und Nacherbschaft ausschließen. Die Vor- und Nacherbschaft kann sich jedoch steuerrechtlich negativ auswirken:

Sowohl der Vorerbe als auch der Nacherbe sind zivilrechtlich Rechtsnachfolger des Erblassers. Sie beerben den Erblasser allerdings nicht gleichzeitig nebeneinander, sondern zeitlich versetzt nacheinander. Das Erbschaftsteuerrecht geht von zwei Erbfällen aus. Demnach beerbt der Vorerbe zunächst den Erblasser und der Nacherbe den Vorerben. Erbschaftsteuerlich gilt der Vorerbe als Vollerbe. Die Steuer für den Vorerben entsteht mit dem Tod des Erblassers. Der Vorerbe darf die Erbschaftsteuer aus den Mitteln der Vorerbschaft entrichten. Dies stellt beim nicht befreiten Vorerben eine Durchbrechung des Grundsatzes dar, wonach der nicht befreite Vorerbe das Vermögen des Erblassers in seiner Grundsubstanz nicht antasten darf und nur die Früchte und Nutzungen ziehen und für sich verwenden darf.

Der Nacherbe erwirbt mit dem Tod des Erblassers ein Anwartschaftsrecht. Dieser Wert wird nicht besteuert. Die Steuer für den Nacherben entsteht erst mit dem Eintritt der Nacherbfolge. Mit dem Eintritt des Nacherbfalls durch den Tod des Vorerben hat derjenige Nacherbe, auf den das Vermögen übergeht, den Erwerb als vom Vorerben stammend zu versteuern. Dem Nacherben steht im Hinblick auf die Steuerklasse ein Wahlrecht zu. Ist die Steuerklasse im Verhältnis des Vorerben zum Nacherben ungünstiger als die vom Erblasser zu Nacherben, wird auf Antrag die günstigere Steuerklasse bei der Besteuerung der Nacherbschaft zugrunde gelegt. Die Anwendung dieser Steuerklasse erstreckt sich auf alle Vorschriften, in denen sie für die Berechnung der Steuer eine Rolle spielt, insbesondere auch auf die Vorschriften über Freibeträge und Freigrenzen. Zu beachten ist allerdings, dass für den Erwerb des eigenen Vermögens des Vorerben ein Freibetrag nur noch soweit genutzt werden kann, als er nicht für das Vermögen vom Erblasser verbraucht wurde. Mit dieser Regelung will der Gesetzgeber verhindern, dass über das Wahlrecht unangemessene Steuervorteile beim Nacherben entstehen.

Expertentipp

Die Tatsache, dass das Vermögen des ursprünglichen Erblassers zweimal versteuert wird, nämlich einmal beim Übergang auf den Vorerben und ein zweites Mal beim Übergang auf den Nacherben, kann zu ganz massiven Nachteilen führen. Dieser Nachteil ist bei der Gestaltung eines Geschiedenentestaments unbedingt zu beachten!

Um zu verhindern, dass der Nacherbe durch die Trennung der Vermögensmassen unangemessene Vorteile im Hinblick auf den Freibetrag erlangt, sieht das Gesetz vor, dass dem Nacherben nicht für jede Vermögensmasse des gesamten Erwerbs gesondert ein Freibetrag zusteht, sondern dass ihm insgesamt nur ein Freibetrag zu gewähren ist, der für sein günstigeres Verwandtschaftsverhältnis zum Erblasser gegeben ist. Für das ihm zusätzlich anfallende Vermögen des Vorerben wird ihm der für diese Steuerklasse maßgebende Freibetrag nur gewährt, wenn und soweit der höhere, nach dem Verwandtschaftsverhältnis zum Erblasser maßgebende Freibetrag, durch den Anfall des Nacherbschaftsvermögens nicht verbraucht ist.

Alleinerziehende Mutter

Alleinerziehende Mütter vererben in der Regel ihr Vermögen an ihre Kinder. Bis zum Freibetrag von 400.000 Euro muss kein Kind Erbschaftsteuer zahlen. Bei drei Kindern kann eine Mutter 1,2 Mio. Euro steuerfrei an ihren Nachwuchs vererben. Lediglich bei einem deutlich höheren Vermögen bietet es sich an, über Maßnahmen der Steueroptimierung nachzudenken. Wie Eheleute kann auch die alleinerziehende Mutter ihren Kindern alle zehn Jahre bis zum Freibetrag von 400.000 Euro pro Kind Vermögen verschenken. Da ein so hohes Vermögen meist nur von Unternehmerinnen weitergegeben werden kann, kommen noch andere Formen der Steuervermeidung in Frage, zum Beispiel die Beteiligung am Unternehmen oder die Gründung einer Familiengesellschaft.

Anhang

Berater im „Netzwerk Deutscher Erbrechtsexperten e.V. (www.NDEEX.de)

BADEN-WÜRTTEMBERG

Armin Abele
Rechtsanwalt, Fachanwalt für Erbrecht
72764 Reutlingen, Eberhardstraße 1
Telefon: 07121 324 180

Thomas Maulbetsch
Rechtsanwalt, Fachanwalt für Erbrecht
74847 Obrigheim, Hauptstraße 31
Telefon: 06261 671100

Wolfgang Roth
Rechtsanwalt, Fachanwalt für Erbrecht
74847 Obrigheim, Hauptstraße 31
Telefon: 06261 671100

Barbara Schüller
Rechtsanwältin, Fachanwältin für Erbrecht
79098 Freiburg, Wallstraße 2
Telefon: 0761 36333

Andreas Wolff
Rechtsanwalt, Fachanwalt für Erbrecht
68161 Mannheim, P 5, 11
Telefon: 0621 402206

BAYERN

Florian Enzensberger
Rechtsanwalt, Fachanwalt für Erbrecht
82362 Weilheim, Bahnhofstraße 9
Telefon: 0881 924900
82467 Garmisch-Partenkirchen, Ludwigstraße 81
Telefon: 08821 9669685

Bernhard F. Klinger
Rechtsanwalt, Fachanwalt für Erbrecht
81667 München, Innere Wiener Straße 13
Telefon: 089 210 10 20

Stefanie Scheuber
Rechtsanwältin, Fachanwältin für Erbrecht, Fachanwältin für Miet- und Wohnungseigentumsrecht
90489 Nürnberg, Rudolphstraße 30
Telefon 0911 3766944

BERLIN

Johannes Schulte
Rechtsanwalt, Fachanwalt für Erbrecht, Fachanwalt für Steuerrecht, Notar
12163 Berlin, Schlossstraße 26
Telefon: 030 797 444 20

HESSEN

Joachim Mohr
Rechtsanwalt, Fachanwalt für Erbrecht, Fachanwalt für Familienrecht
35396 Gießen, Greizer Straße 1
Telefon: 0641 952600

MECKLENBURG-VORPOMMERN

Sven Klinger
Rechtsanwalt, Fachanwalt für Erbrecht, Fachanwalt für Steuerrecht
19053 Schwerin, Schlossstraße 14
Telefon: 0385 555194

NORDRHEIN-WESTFALEN

Klaus Becker
Rechtsanwalt, Fachanwalt für Erbrecht
52062 Aachen, Friedrich-Wilhelm-Platz 9–10
Telefon: 0241 24994

Hans-Oskar Jülicher
Rechtsanwalt, Fachanwalt für Erbrecht
52525 Heinsberg, Ostpromenade 1
Telefon: 02452 976090

Stephan Konrad
Rechtsanwalt, Fachanwalt für Erbrecht, Fachanwalt für Miet- und Wohnungseigentumsrecht
33602 Bielefeld, Mauerstr. 8
Telefon: 0521 64647

RHEINLAND-PFALZ

Joachim Müller
Rechtsanwalt, Fachanwalt für Erbrecht
56564 Neuwied, Langendorfer Straße 145
Telefon: 02631 91650

SCHWEIZ

Dr. Bruno Eugster
Rechtsanwalt, Notar, Fachanwalt für Erbrecht
CH 9001 St. Gallen, Neugasse 44
Telefon: 0041 71/22331 75

Stichwortverzeichnis

Weitere Titel

Andreas Heiber
- **Die neue Pflegeversicherung**
ISBN 978-3-7093-0503-4
2., aktualisierte Auflage 2013, 168 Seiten
EUR 9,90 (D/A)

Ulrich Goetze/Michael Röcken
- **Der Verein**
Gründung – Recht – Finanzen – PR – Sponsoring. Alles, was Sie wissen müssen
ISBN 978-3-7093-0517-1
2., aktualisierte Auflage 2013, 176 Seiten
EUR 9,90 (D/A)

Barbara Kettl-Römer
- **Was macht mein Kind im Netz?**
Der Social-Media-Ratgeber für Eltern
ISBN 978-3-7093-0480-8
2012, 160 Seiten
EUR 9,90 (D/A)

Bernhard F. Klinger (Hrsg.)/Klaus Becker/Stephan Konrad/Wolfgang Roth/Johannes Schulte
- **Der letzte Weg**
Tod – Begräbnis – Erbe. Alle notwendigen Maßnahmen für den Todesfall
ISBN 978-3-7093-0479-2
2012, 168 Seiten
EUR 9,90 (D/A)

Andrea Westhoff/Justin Westhoff
- **Pflege daheim oder Pflegeheim?**
Was Sie bei Pflegebedürftigkeit von Angehörigen tun können und wo Sie Unterstützung bekommen
ISBN 978-3-7093-0364-1
2012, 168 Seiten
EUR 9,90 (D/A)

Bernhard F. Klinger (Hrsg.)/Armin Abele/Klaus Becker/Thomas Maulbetsch/ Wolfgang Roth

- **Der Vorsorgeplaner**
  Wie Sie durch Vollmachten, Verfügungen und Testamente für den Krankheits-, Pflege- und Erbfall vorsorgen
  ISBN 978-3-7093-0356-6
  2011, 192 Seiten
  EUR 9,90 (D/A)

Andreas Lutz/Monika Schuch

- **Existenzgründung**
  Was Sie wirklich wissen müssen. Die 50 wichtigsten Fragen und Antworten
  ISBN 978-3-7093-0351-1
  2011, 208 Seiten
  EUR 14,90 (D/A)

Stephan Konrad/Franz Kopinski

- **Wohnungseigentum – Ihre Rechte und Pflichten.**
  Erwerb – Verwaltung – Vermietung
  ISBN 978-3-7093-0355-9
  2011, 168 Seiten
  EUR 9,90 (D/A)

Ludger Bornewasser/Bernhard F. Klinger

- **Der Streit ums Erbe**
  Wie Sie Ihre Interessen wahren und Konflikte vermeiden. Spannende Fälle aus der Praxis zeigen, worauf es ankommt.
  ISBN 978-3-7093-0328-3
  2011, 160 Seiten
  EUR 9,90 (D/A)

Bernhard F. Klinger (Hrsg.)/Florian Enzensberger/Thomas Maulbetsch/Joachim Müller/Wolfgang Roth

- **Betreuung von Angehörigen**
  Bestellung – Aufgaben, Rechte und Pflichten – Kosten – Haftung. Antworten auf alle wesentlichen Fragen zum Betreuungsrecht
  ISBN 978-3-7093-0338-2
  2011, 160 Seiten
  EUR 9,90 (D/A)

Stefanie Kubosch/Julia Kleine/Annette Eicker

- **Gekündigt – was tun?**
  Von Abfindung bis Zeugnis: Ihre Rechte – Ihre Chancen. Wie Sie wieder Mut fassen und beruflich neu durchstarten.
  ISBN 978-3-7093-0337-5
  2011, 152 Seiten
  EUR 9,90 (D/A)

Rudolf Stumberger

- **Hartz IV**
  Das aktuelle Gesetz mit den neuen Regelungen. Mit verständlichen Erklärungen zum Ausfüllen des Antrages.
  ISBN 978-3-7093-0331-3
  5. Auflage 2011, 152 Seiten
  EUR 9,90 (D/A)

Astrid Congiu-Wehle/Agnes Fischl

- **Der Ehevertrag**
  Wie Sie Vorsorge für Ehe, Trennung und Scheidung treffen
  ISBN 978-3-7093-0304-7
  2010, 160 Seiten
  EUR 9,90 (D)/EUR 10,20 (A)

Joachim Mohr/Frank Lechner

- **Alleinerziehend – das sind Ihre Rechte**
  ISBN 978-3-7093-0259-0
  2010, 160 Seiten
  EUR 9,90 (D)/EUR 10,20 (A)

Gordian Philipps/Susanne Lebek

- **Erfolgreich durchs Assessment-Center**
  ISBN 978-3-7093-0321-4
  2010, 184 Seiten
  EUR 14,90 (D)/EUR 15,40 (A)

Andrea Westhoff/Justin Westhoff

- **Ihre Rechte als Kassenpatient**

Wie Sie auch als gesetzlich Versicherter von Ärzten und Kassen bekommen, was Ihnen zusteht
ISBN 978-3-7093-0295-8
2010, 160 Seiten
EUR 9,90 (D)/EUR 10,20 (A)

Roland Stimpel

- **In 10 Schritten zum Eigenheim**

Planen, kaufen, bauen: Von der Suche bis zur Finanzierung – Ihr Wegweiser zum eigenen Haus
ISBN 978-3-7093-0288-0
2010, 160 Seiten
EUR 9,90 (D)/EUR 10,20 (A)

Bernhard F. Klinger (Hrsg.)/Sven Klinger/Joachim Mohr/Wolfgang Roth/Johannes Schulte

- **Patientenverfügung und Vorsorgevollmacht**

Was Ärzte und Bevollmächtigte für Sie in einem Notfall tun sollten. Was die Neuregelung für Sie konkret bedeutet.
ISBN 978-3-7093-0289-7
2. Auflage 2009, 144 Seiten
EUR 9,90 (D)/EUR 10,20 (A)

Bernhard F. Klinger

- **Das Testament**

Konkrete Anleitungen für alle Lebensmodelle – vom Single bis zur Patchwork-Familie. Wie Sie Streit vermeiden und Steuern sparen.
ISBN 978-3-70930264-4
2009, 168 Seiten
EUR 9,90 (D)/EUR 10,20 (A)

Michael Schröder

- **Scheidung – aber fair**
  Sorgerecht – Unterhalt – Umgangsrecht . Es geht auch friedlich, wenn die Vernunft siegt.
  ISBN 978-3-7093-0272-9
  2. Auflage 2009, 176 Seiten
  EUR 9,90 (D)/EUR 10,20 (A)

Eva Schmitz-Gümbel/Karin Wistuba

- **Erfolgreich zum Traumjob**
  Coaching zur Berufswahl für Eltern und Schüler
  ISBN 978-3-7093-0213-2
  2008, 168 Seiten
  EUR 9,90 (D)/EUR 10,20 (A)

Astrid Congiu-Wehle/Joachim Mohr

- **Das neue Unterhaltsrecht**
  Wie viel bekomme ich? Wie viel muss ich zahlen?
  ISBN 978-3-7093-0229-3
  2008, 168 Seiten
  EUR 9,90 (D)/EUR 10,20 (A)

Karin Spitra/Ulf Weigelt

- **Ihr Recht als Arbeitnehmer**
  Vom Vorstellungsgespräch bis zur Kündigung – was darf der Chef?
  ISBN 978-3-7093-0218-7
  2008, 192 Seiten
  EUR 9,90 (D)/EUR 10,20 (A)

Wolfgang Jüngst/Matthias Nick

- **Arbeiten und Leben im Ausland**
  Auswandern oder Überwintern: alle wichtigen Informationen. Mit 10 Länderkapiteln von Schweiz bis USA.
  ISBN 978-3-7093-0214-9
  EUR 9,90 (D)/EUR 10,20 (A)

Tibet Neusel/Sigrid Beyer/Kathrin Arrocha

- **Immobilienkauf**
  Haus oder Wohnung – Alles über Finanzierung, Recht und Steuern
  ISBN 978-3-7093-0195-1
  2008, 190 Seiten
  EUR 9,90 (D)/EUR 10,20 (A)

Andrea Erdmann/Andreas Kobschätzky

- **Erfolgreich bewerben**
  Von der systematischen Vorbereitung zum souveränen Bewerbungsgespräch und fairen Arbeitsvertrag
  ISBN 978-3-7093-0187-6
  2008, 176 Seiten
  EUR 9,90 (D)/EUR 10,20 (A)

Wolfgang Jüngst/Matthias Nick

- **Wenn der Nachbar nervt**
  Rechte und Pflichten in der Nachbarschaft
  ISBN 978-3-7093-0174-6
  2007, 160 Seiten
  EUR 9,90 (D)/EUR 10,20 (A)

Inken Wanzek/Christine Rosenboom

- **Arbeitsplatz in Gefahr – Das sind Ihre Rechte**
  Kündigung – Beschäftigungsgesellschaft – Aufhebungsvertrag – Mobbing – Trennungsgespräche
  ISBN 978-3-7093-0152-4
  2007, 240 Seiten
  EUR 14,90 (D)/EUR 15,40 (A)

Alle Titel sind auch als E-Book erhältlich!